はじめて学ぶ
発達心理学

Developmental **P**sychology for **B**eginners

吉田 直子 著

みらい

はじめに

　子どもは希望の象徴であり、前途には明るい未来が広がっている、はずである。しかし、子どもの置かれた状況はどうか。世界を見渡せば、戦争、暴力、病気、貧困、環境汚染等の負の条件にさらされて、あえいでいる子どもがいる。豊かと言われる我が国でも、不登校、いじめ、虐待、貧困、差別などに苦しむ子どもの問題は解決していない。

　さらに、少子高齢化や情報化が進む日本社会では、子ども同士の対人関係も希薄となり、生活や学習のデジタル化が進んでいる。子どもの教育や養育に対する親や教師の考え方も多様になり、何が適切な対処の仕方なのかを判断するのが難しくなっている。

　このような状況で私たちができることは何か。まずは知ることである。世界や日本の子どもたちの実態を知る。子どもの発達の原理や理論、発達の過程やそれを支える環境などを、客観的な事実や研究を通して知ることである。また、過酷な環境では、子どもの成長や心の発達が危ういことも理解しなければならない。

　発達心理学は哲学や文学に比べて歴史の浅い学問である。新しいからこそサイエンスの要素もあり、実験的研究を背景にした知見（研究結果）も多い。人間探求の宝庫であるといえる。

　本書は、初めて発達心理学を学ぶ読者に、乳児から大人になるまでの子どもの発達心理を解説し、養育や教育のヒントを提供する。とくにことばや認識などの知的能力や社会性がどのように育まれていくのかを中心に扱う。本書によって、読者が子どもとはどのような存在かを理解し、さらには人間存在の独自性や普遍性を洞察する手助けをしたい。そのことを通して、世界と日本の子どもを取り巻く問題を解決する糸口を、ともに探りたいと願う。

2016年1月

筆者　吉田直子

CONTENTS

はじめに

第1章 子どもを理解するための序論　　1

1　発達と発達心理学　　1
発 達 と は　(1)
発達の方向性　(1)
発達心理学のテーマ　(2)

2　発達の決定因　　2
遺伝か環境か　(2)
双生児研究　(3)
遺伝も環境も　(3)

3　人間の発達の特徴　　4
二次的留巣性　(4)
青年期の存在と意義　(5)
初期経験の重要性　(6)
発達の可塑性　(6)
社会的・文化的環境　(7)

4　発達心理学の研究方法──3つの方法　　8
観　察　法　(8)
実　験　法　(8)
調　査　法　(9)

第2章 発達心理学の萌芽と理論の展開　　10

1　発達心理学の萌芽　　10
ルソーの『エミール』　(10)

　　　　20世紀初頭から半ばまで　(10)
2　初期の主要な発達理論 ·· 11
　　　　グランドセオリー　(11)
　　　　フロイトの発達論　(11)
　　　　エリクソンの心理社会的発達論　(12)
　　　　ヴィゴツキーの最近接領域説　(14)
　　　　ピアジェの発達段階説　(15)
3　その後の発展 ·· 16

第3章｜認知の発達　18

1　認 知 と は ·· 18
　　　　視覚的認知と動作的認知　(18)
　　　　認知と記憶・思考　(19)
　　　　感覚運動的認知　(19)
　　　　因果関係の発見　(20)
　　　　対象の永続性の形成　(21)
　　　　象徴遊びと延滞模倣　(21)
2　幼児の認知 ·· 23
　　　　前操作的段階　(23)
　　　　自己中心性　(24)
　　　　相貌的知覚　(24)
　　　　数 概 念　(24)
3　児童期の認知 ·· 25
　　　　具体的操作段階　(25)
　　　　数 概 念　(25)
　　　　保存概念　(26)
　　　　類 概 念　(27)

4 青年期の認知 28
　　形式的操作段階　(28)
　　青年期の認知発達とそれ以降　(28)

5 認知の発達を促す要因 29
　　社会的学習と相互交渉　(29)
　　ことばの介在　(29)
　　内発的動機づけ　(30)
　　親の態度の影響　(30)

第4章 | 言語活動の発達　32

1 ことばの働き 32
　　命名の機能　(32)
　　弁別の機能　(33)
　　社会的機能　(33)
　　心の発達の目印　(34)

2 ことばの発達を支えるもの 34
　　生理学的基盤　(34)
　　愛着の形成　(35)
　　認知発達　(35)
　　制約説　(36)

3 ことばの発達過程 37
　　ことばの胎生期　(37)
　　ことばの獲得期　(37)
　　ことばの生活化　(39)
　　ことばの拡張期　(40)
　　児童期の言語発達　(41)

4 書きことば 42
　　話しことばとの違い　(42)

書くことを学ぶ （43）

5 ことばを育てる ……………………………………………………………… 44

養育者のことば （44）

「ブックスタート」から読み聞かせへ （45）

読書の影響 （46）

第5章 社会性の発達　49

1 社会性のいろいろな側面 ……………………………………………… 49

社会性の定義 （49）

共感性と向社会的行動 （50）

良　　心 （50）

役割取得 （50）

道徳性 （51）

コールバーグの道徳的判断 （52）

攻撃行動 （53）

2 社会性の発達過程 ……………………………………………………… 54

乳幼児期 （54）

児童期 （54）

青年期 （56）

3 社会性の獲得と発達の要因 …………………………………………… 58

模倣と観察学習 （58）

しつけと養育態度 （58）

友人関係 （59）

文化的要因 （59）

4 社会性と不適応行動 …………………………………………………… 61

いじめと社会性 （61）

不登校 （63）

第 6 章 自己意識の発達　65

1. **自己のとらえ方** …… 65
    - 自己認知の芽生え　(65)
    - 自己に関する知識　(65)
    - 児童期からの自己認識　(66)
    - セルフ・ハンディキャッピング　(67)
    - 自我同一性　(68)
2. **自己調整機能** …… 68
    - 自己主張と自己抑制　(68)
    - 基本的生活習慣と自己統制　(69)
    - 欧米の子どもとの比較　(69)
3. **自己を形成する要因** …… 70
    - 養育態度　(70)
    - 人とのかかわり　(71)
    - 他者からの評価　(71)
    - 教育文化・育児文化　(71)
    - 文化的自己観　(72)

第 7 章 発達と教育　74

1. **発達と教育の相互作用** …… 74
    - 発達と教育　(74)
    - 発達における教育の役割　(75)
2. **人生の移行期としての学校接続** …… 76
    - 移行期とは　(76)
    - 「小1プロブレム」　(76)
    - 「中1ギャップ」　(78)
3. **教科学習と発達** …… 79
    - 教科学習のレディネス　(79)

　　　　素 朴 概 念　(79)

　　　　素朴概念の修正　(79)

　4　**教師の役割** ……………………………………………………………… 81

　　　　ピグマリオン効果　(81)

　　　　望ましい教師像　(81)

　5　**発達の障害と教育** ……………………………………………………… 82

　　　　発達の危機と障害　(82)

　　　　乳児期から見られる発達障害　(84)

　　　　児童期に顕在化する発達障害　(85)

　　　　小中学校における発達障害児の指導　(85)

引用文献・参考文献 ……………………………………………………………… 87

索　　　引 ……………………………………………………………………… 92

第1章　子どもを理解するための序論

本章のポイント

　発達心理学では子どもから大人になっていく人間の心や行動の変化やそのしくみを明らかにする。親や教師はもちろん、大人のだれもが子どもの心理を理解してその成長を手助けする必要がある。この章では、発達心理学が何を主題としているのかを具体的に紹介する。

1　発達と発達心理学

発達とは

　発達を意味する英語を development といい、語源的には"広げる"とか"開く"という意味である。あらかじめ準備されたものが展開されるという生物学の前成説に近い意味を持っている。しかし今日では、ヒトの行動の発達は、環境との相互作用による影響が大きいことがわかっており、発達＝あらかじめ準備されたものの展開、という語源的な定義では不十分である。

　このテキストでは、発達とは環境要因の影響を受けながら人の行動が一定の方向をもって有機的に変化することであると考える。変化の方向を端的に言うと、行動が構造化すること、記号化すること、可塑性を持つこと、社会化すること（岡本、1988）である。

発達の方向性

　構造化とは、たとえば乳児でさえ成長につれて同じおもちゃに対する扱い方が、単純な操作から複雑な操作へと変化するような変化を指す。おもちゃをたたくだけだった乳児が数か月後には振ったり指でつまんだりするようになる。

行動が複雑さを増してくることを構造化という。記号化とは、ものごとを数字やことばで表すような、抽象化したとらえ方への変化である。可塑性とは柔軟性のことである。社会化とは、人との関係性が変化すること、年齢に応じて他者へのはたらきかけや交流の仕方が変化し、社会性を身につけていくことである。

人間の行動は、少なくともこの4つの方向を持った有機的な変化が含まれている。第2章以降で述べる諸側面の発達過程もこのような方向性を持っている。

📌 発達心理学のテーマ

人間の行動や心が乳児期から学童期、青年期へと変化する過程、そのしくみ、および変化にかかわる要因をこれまでの研究成果をひも解きながら客観的に理解するのが発達心理学のテーマである。最近では、老年へと衰退していく変化も含まれる。

一口に人間の行動の変化といっても、情緒的な側面、知的な側面、人間関係にかかわる側面、自己形成、心の病に関する側面など実に多様であり、一冊の書物で取り上げるのは不可能である。本書では特に、知的な側面や人間関係に関する側面に焦点を当てて人間の行動の発達を考えていく。

本書を通して自分なりの発達観を持つことは、大人として子どもの発達に貢献する方法をさぐり、また子どもを取り巻く社会的な問題や教育問題を正しく把握することにつながる。そして諸問題の解決を考える基礎となるだろう。

2　発達の決定因

📌 遺伝か環境か

自分の性格や能力、個性を成り立たせ発達させているのは遺伝的なものか環境的なものなのかという問いは、誰もが持っている。ことわざにも両方の意味をあらわすものがある。性格や個性の遺伝的影響を強調する場合は「蛙の子は蛙」などといい、環境的影響を強調する場合は「氏より育ち」「朱に交われば赤くなる」などという。はたしてどちらが正しいのだろうか。

古くから家系研究、双生児研究、養子研究などが行われており、最近は遺伝子構成の個人差と環境の個人差の関連を調べる行動遺伝学（安藤、2000）によって、その答えが追究されている。

📌 双生児研究

遺伝的な影響を調べる方法として、ここでは双生児研究を見てみよう。双生児には一卵性と二卵性の2つのタイプがある。一卵性双生児は1つの受精卵が2つに分かれたことから生じたもので、2人の遺伝子は全く同じである。一方、二卵性は2つの受精卵が同時に成長したものでふつうの兄弟とほぼ同じ違いがある。このことから、もしある性質が一卵性双生児のほうが二卵性双生児より互いによく似ているならば、その性質は遺伝的影響を強く受けている、と考えられる。反対に一卵性のほうが似ていないならその性質は遺伝的影響をあまり受けていないことになる。奥田（2010）の調査では、幼児のパーソナリティのうち、依存性や外向性において遺伝的影響が強く、自律性は遺伝の影響があまりなかった。

海外の研究によると、恐怖という情動性、活動性、見知らぬ大人に対する行動（社会性）などが遺伝的影響を受けている（高橋、1994）。

行動遺伝学の実証的研究でも、知能指数やパーソナリティは遺伝の影響が50％程度であると結論づけている。

📌 遺伝も環境も

遺伝的影響が強い属性も、育児様式や遊びなどによって時間の経過とともに変わってくるものもある。たとえば遺伝的に恐怖心の強い子どもに対して、親が少しずつ恐怖心を取り除く経験をさせているうちに環境的影響を受けるようになり、遺伝的影響は相対的に軽減される。

別の例を見てみよう。長子的性格などのことばがあるように出生順位と性格は関連があると思っている人も多い。しかし1000人以上の事例を集めた研究では関係性は見出されなかった（高橋、1994）。これは、育て方や対人関係などの環境要因が複雑に作用しているためであるという。

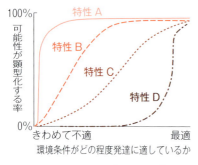

図1-1　ジェンセンの環境閾値説の解説図
出典：東、1969

　このように、人の属性や行動特徴に対しては遺伝と環境が相互に関連し合っており、2つを切り離すことができない。そこで人の発達を規定するのは遺伝か環境かという議論は、一方に答えを求めるのではなく相互に作用しあっているという説が有力である。

　そのなかでジェンセンは、特性によって環境条件の作用の仕方は異なるため遺伝的な特性が発現されるか否かは環境条件が基準値を超えるかどうかによって左右される、という環境閾値説を考えた（ジェンセン、1968）。図1-1に示す4つの特性のうち、身長や体重などの特性Aは極端に不利な環境でなければ遺伝的可能性が発現する。逆に絶対音感や外国語の音韻弁別のような特性Dは、環境条件がきわめて適切である場合にのみ遺伝的可能性が発現する、と考えたのである。

3　人間の発達の特徴

二次的留巣性

　動物学者ポルトマン（1961）は、人間は進化史上の新たな特徴を持つという意味で、二次的留巣性と呼んだ。

　まずポルトマンは、哺乳類の個体発生の様相を離巣性と留巣性という2つのカテゴリーに分類した。離巣性は馬や象などの高等の哺乳類に見られる特徴

で、1回の出産で生まれる子どもの数は少なく、新生児からよく発達した運動能力や体力を備えている。留巣性はねずみなどの下等の種に見られ、反対の特徴を持つ。

高等哺乳類であるサルなどは離巣性であり、生後間もなく赤ん坊ザルは母ザルに自らしがみつく能力を持つ。しかし人間の新生児は、サルより高等であるにもかかわらず身体的には無能力で、自ら移動したり母親にしがみついたりできない。そこでポルトマンは、人間は新たな特徴を持つと考えた。

人間が他の高等な哺乳類と違って留巣性の特徴を持つ理由は、ヒトの胎児の大脳が肥大化しそれに伴い出生前から身体も大型化して、早産が常態化したためであるという。つまり人間の新生児は1年ほど早く、未熟なまま生まれてくるため、特別の留巣性、すなわち二次的留巣性という特徴を持つにいたるというのである。

ポルトマンの見解に対してはその後多くの反論がなされ、バウワー（1974/1979）などにより人間の乳児の持つ有能さも証明されてきた。しかし、ポルトマンは、人間がほかの類人猿にはない特徴を持つことを指摘している。たとえば、人間の乳児は生後1年間に体重が約3倍になるなど発育が急激であり、青年期には心理的側面で著しく成長する。また人間が大人になるための成長期間は約20年であるが高等な類人猿では10年ほどである。このように人間の成長は他の種には見られない特異性を持っているという指摘は、今日でもなお示唆に富む考え方である。

📌 青年期の存在と意義

子どもと大人の間にある青年期は、人間に特有のものである。青年期は、第二次性徴という身体的変化とそれとほぼ並行して見られる自我意識の高まりから始まる。そして大人の社会に入っていくことへの精神的な不安や危機意識、葛藤なども強くなる。とくに、高度に複雑化した現代社会では、青年は大人として社会で生きていくうえに必要な知識や技能を修得しなければならず、大人になるまでにかなりの時間が必要なのである。これが人間にとっての青年期である。青年心理学の父とも言われるエリクソンは、青年期において人間はこれ

までの価値観との葛藤や危機を乗り越え、自我を確立すると述べている。

　一方、比較的単純な伝統社会では、子どもの世界と大人の世界は連続的で大きな断絶は見られないという（ミード、1928/1976）。したがって、青年は葛藤や不安をそれほどもたず、身体的な成長によって大人として仕事を遂行することができるようになると、大人として扱われる。人間の青年期のありようは、社会構造や文化、慣習が規定する条件によって異なってくるといえる。

📌 初期経験の重要性

　鳥類のひなが孵化後の一定期間に受容した刺激（親の鳴き声や姿）に対して追従行動を示す現象は、刻印づけとして知られている（ロレンツ、1973）。これは親子関係や配偶者の選択を確実にさせる自然界のしくみであり、不可逆的なものである。チンパンジーを暗闇で10か月以上育てると視神経細胞が育たず、視覚を失ったという古い研究もある（ヘッブ、1949/1957）。

　ヒトの視覚も初期の視覚経験が重要であることがわかっている。鳥居（1982）によると、先天的視覚障害者が角膜移植手術などによって「視力を得た」としても真に視力が回復するには、手術後の図形の弁別などの視覚的機能訓練が長期にわたって必要であるという。これらの知見は、人間の発達にとっても生まれて数か月、数年という視知覚経験すなわち初期経験が重要であることを教えてくれる。

　精神分析理論では、幼少期の負の経験がその後のパーソナリティの形成に悪影響を持つといわれる。たとえば虐待などによるトラウマ（外傷体験）を抱えると、成長する過程で出会う他者と健全な関係を築きにくくなる。また幼少期に愛情を伴う適切な世話や応答的環境が与えられず、母性的養育が剥奪されると、情緒障害や発育不全、言語遅滞、知的遅滞などの障害がみられることは多くの事例が示している（藤永、1987）。

📌 発達の可塑性

　母性剥奪などで発達上に問題を持つ子どもは、どのような発達過程をたどるのだろうか。藤永（1987）の事例を見てみよう。

1970年代に関東地方の小さな町で、養育らしい養育を受けられず放置されていたところを救出された6歳と5歳の姉弟がいた。救出された直後はほとんどことばもしゃべれず、「マンマ」など1、2語だった。歩行も困難で、身体も小さく1歳半前後にしか見えなかった。

　その後乳児院に収容され、治療回復チームによってさまざまな支援が行われた。保育者との愛着の形成や言葉かけをはじめ、栄養状態の改善、運動技能の促進が図られ、遊びや対人関係など成長に必要な環境が配慮され、幼児教育のプログラムも実施された。その結果、姉弟は養育者に徐々に愛着を示すようになり、心身の状態も改善していった。2年遅れで就学し、補習などの成果もあって、小学校では学習面や社会性において目覚ましい進歩を遂げた。そして順調に高校にも進学し、その後社会人として生活するに至っている。

　この事例は、人間の発達は可塑性があり、適切な環境や教育によって回復が可能であることを示す好例である。

📌 社会的・文化的環境

　人間が生活している環境は多様な側面を持っている。ブロンフェンブレナー（1979/1996）はこれを子どもと相互作用する生態学的な環境としてとらえ、4つの水準、マイクロシステム・メゾシステム・エクソシステム・マクロシステムに分類した。

　マイクロシステムとは、人がある場面で直接経験する活動や役割のなかのシステム、枠組みである。子どもで言えば家庭や学級がそれぞれ子どもの活動を方向づけるシステムである。メゾシステムとは、複数のマイクロシステム間の相互関係のことで、1人の子どもにとっての学級や家庭における相互関係、あるいは学級と友人たちとの相互関係が、1つの枠組みとして影響を持つシステムである。エクソシステムとは先の2つのシステムに間接的に影響を与える外部システムで、子どもの両親の学歴や職業などの例があげられる。マクロシステムはさらに大きな外部システムで、価値体系や社会、文化などの作用である。

　子どもは、このような4つの層の生態学的環境のなかで家庭に守られながら幼児教育から高等教育までの教育を受け、人格を形成していく。そのプロセス

でそれぞれのシステムとしての環境が変われば、子どもも影響を受ける。今日、わが国では超少子高齢化、子どもの貧困化、非正規雇用、円安など多くの社会問題があるが、これらのマクロシステムが、メゾシステム、エクソシステムである地域、職場、学校などに影響を与えている。これらが、たとえば家庭の経済問題、親のストレスなどを通して子どもに影響を与えるかもしれない。

　私たちは、子どもの発達は社会状況の変動に密接につながっていることを認識しなければならない。

4　発達心理学の研究方法 —— 3つの方法

　どうやって子どもの心や行動の変化を知るのだろうか。発達心理学の基本的な方法は、心理学と同様に、まず仮説を立ててそれを客観的な測定にもとづいて検証するものであり、その測定の仕方の違いによって、おもに観察法、実験法、調査法という3つの方法がある。

観　察　法

　ありのままの行動を記録し、テーマに沿って客観的に分析する方法である。ピアジェは、3人の子どもの乳児期の遊びや人との相互作用を観察して『知能の誕生』という書物を著している（1948/1975）。『知能の誕生』では、乳児期のありのままの行動が克明に描かれ、そこから導かれた感覚運動的認知の発達段階理論が詳しく展開されている。

　現在でも、兄弟関係の発達（矢野ら、1984）、母子の共同注意の発達（吉田、2008）など多くの研究が観察法をもとに行われている。

実　験　法

　意図的な操作を加えた条件下での行動の変化を量的に測定して、条件間の差異を比較検討する方法である。たとえば幼児の概念形成の発達を知るために、20人の4歳の幼児と20人の6歳の幼児に身近なモノの絵（食べ物3個、おもちゃ3個、衣類2枚、食器2個）を計10個見せて、「仲間集め」をしてもらう。

正しく仲間集めをする子どもの人数は6歳児のほうが多いと予想される。これを実際に幼児にひとりずつやってもらい、正答数を調べて年齢群で比較するのが実験法の1つの例である。

📌 調　査　法

あるテーマについて用意された質問項目に対する回答によって、考え方や行動傾向を知ろうというものである。たとえば、小中学生の日頃の学習方略と学習の結果との関係を調べる調査研究（佐藤・新井、1998）では、10数項目の質問文（例：勉強でわからないときはやる順番を考える）への回答（5段階評価）を求め、因子分析という統計的処理を行った結果、「柔軟的方略」「プランニング方略」など5つの学習方略が見出されている。

調査法は、紙と鉛筆だけでできる簡単な研究のように見られるが、調査項目の作成や調査結果の集計および統計的な分析などの知識が必要である。

なお、知能検査や性格検査も調査法の一種である。

📖 これからの学習のための推薦図書

矢野喜夫・落合正行　1991　発達心理学への招待　サイエンス社
　本書は、人間発達の全体像を網羅した読みごたえのある入門書。とくに発達のしくみについて詳しく解説しているので本章の理解の助けになる。

岡本夏木・浜田寿美男　1995　発達心理学入門　岩波書店
　心理学のなかで発達心理学はどのような位置にあり何をめざしているのか、どんな研究がおもしろくて役立つのかを、読み物風につづっている。著者の一人、浜田はピアジェの『知能の誕生』という大著を翻訳した人であり、ピアジェ理解にも役立つ書。

松沢哲郎　2000　チンパンジーの心　岩波書店
　発達心理学の第一人者が、チンパンジーの認知や言語、記憶を調べ、進化のなぞを解き明かそうとしている。人間と何が共通かを知り、人間の進化を考えるきっかけを与えてくれる。とても読みやすい。

第2章　発達心理学の萌芽と理論の展開

本章のポイント

　発達心理学は、教育や子育てにとってなくてはならない知識・学問として今では誰もが認めるが、実は歴史が浅く、19世紀半ばから始まったといってよい。本章では、子どもの心理・発達が芽生え、発展してきた歴史を簡単に振り返り、学問としてのルーツを確認する。

1　発達心理学の萌芽

📣 ルソーの『エミール』

　子どもの心理学研究は、20世紀初頭までは体系的なものではなく、生物学・哲学・教育学・医学の分野にその萌芽が見られる。思想家ルソー（1712-1778）は18世紀に著した『エミール』（1762/1962）のなかで、子どもを独自の存在と認め、成長過程の時期区分を行っている。これが子どもの存在への関心を集めることとなった。1900年には教育家エレン・ケイ（1849-1926）が『児童の世紀』（1900/1979）を出版し、大人は子どもの性質を理解することが必要であるという教育論を提唱し、とくに幼児教育の発展に寄与した。

　19世紀後半にドイツのプライヤー（1841-1897）は、3年間にわたる子どもの観察記録をまとめて『子どもの精神』（村田、1992）を出版した。これは、感覚・知覚・感情・意思・言語などの精神活動の発生過程を記述したはじめての発達心理学的な研究といえる。

📣 20世紀初頭から半ばまで

　1905年にフランスのビネー（1857-1911）が知能テストを考案し、子どもの

知能を測ることにより子どもの能力に合わせた教育が考えられるようになった。アメリカではホール（1844-1924）が初めて大規模な質問紙調査を行い、児童期・青年期の発達的特徴を研究した。また彼は、青年期を「疾風怒涛の時代」と表現したことで知られている。

1926年にドイツのウェルナー（1890-1964）は『発達心理学入門』（1948/1976）を著した。子どもから大人までの精神発達過程を理論化し、「未分化→分化→統合による完態への移行」という図式的な発達モデルを唱えた。

一方で、フロイト（1856-1939）の精神分析、ヴィゴツキー（1896-1934）の発達の最近接領域説、ピアジェ（1896-1980）の認知発達理論、少し遅れてエリクソン（1902-1994）の心理社会的発達論が世に出た。とくに、ウエルナーの流れを汲むピアジェの発達理論は、乳児から大人までの知能構造の段階的な発達を体系化したものとして、今日に至るまで保育界や教育界に大きな影響を与えている。

2　初期の主要な発達理論

グランドセオリー

フロイト、ヴィゴツキー、エリクソン、ピアジェなどの理論は、人の心理や発達について包括的で大きな枠組みを示しており、グランドセオリーといわれる。他方、個別領域に関する理論（たとえば道徳性の発達モデル）や学会等で発表される研究論文をミニセオリーという。このテキストではこれから多くのミニセオリーすなわち個別領域の研究を紹介していくが、ミニセオリーを理解するときにもグランドセオリーは羅針盤的な役割を果たしてくれるはずである。

フロイトの発達論

フロイトは、オーストリアの神経医学者であり、精神分析学を創始した人である。彼の精神分析学は、20世紀の社会思想や心理学に多大な影響を与えているが、ここでは精神分析学に含まれるに発達論を紹介する（フロイト、

1917/1971、牧康夫、1982）。

　フロイトによれば、人のパーソナリティを構成するものはイド・自我・超自我である。イドとは、出生時から存在している原初的な欲動で、身体的な欲求の即時の充足を求める力の源泉である。イドは現実的には満足を得られない場合が多い。このとき行動を修正したり、自己制御したりするのが自我の働きである。生後半年ぐらいから自我が機能し始め

Freud, S.(1856–1939)

る。さらに、自我を統制する機能として超自我が分化する。たとえば、子どもが両親からしつけ・教育を受けて社会道徳を理解しはじめると、その道徳や規範は子どもの中に徐々に内在化していく。言われなくても自分から規範を守るようになるのである。このような心の働きを超自我といい、3、4歳以降に機能し始める。

　フロイトは、イド・自我・超自我は乳児期から幼児期にかけて分化していくことと並んで、イドを動かす性的なエネルギーやそれが生じる場所の年齢による変化（口唇から性器へ）にも注目し、これらを組み合わせて5段階の発達論を唱えた。

　フロイトの発達論は性的な発達に焦点を当てており、対人関係や環境的な観点が希薄であることが1つの特徴でもある。

🖊 エリクソンの心理社会的発達論

　エリクソンはフロイトの精神分析を学んだあと、アメリカにわたり、子どもの心理的な治療にかかわった。その経験をもとに、独自の心理社会的発達論を提唱した（エリクソン、1963/1977）。

　心理社会的発達論では、乳児期から大人にいたるまでの自我が、対人関係や文化的制約という現実のなかで発達していく過程を、図2-1のように8段階に区分している。各段階において、それぞれ特徴

Erikson, E. H.(1902–1994)

		1	2	3	4	5	6	7	8
Ⅷ	老年期								総合性 対 絶望
Ⅶ	壮年期							世代性 対 停滞性	
Ⅵ	成人期						親密性 対 孤立		
Ⅴ	思春期 青年期					アイデンティティ 対 アイデンティティ拡散			
Ⅳ	学童期				勤勉性 対 劣等感				
Ⅲ	児童期			自発性 対 罪悪感					
Ⅱ	幼児期		自律性 対 恥・疑惑						
Ⅰ	乳児期	信頼感 対 不信感							

図2-1 心理社会的発達段階

出典：鑪、1990

的な対人関係（図中の1～8）があって、そのなかで新しい視点や危機が生じるが、その危機を克服することで人として成長して次の段階に進むと考えた。

例をあげよう。第Ⅰ段階の乳児期は、父母の愛情あふれる世話によって人に対する基本的信頼感が獲得される時期であるが、そのような世話を受けなかったらどうか。エリクソンは、この時期の葛藤が解決されないとき、乳児は人への不信感を持ってしまうと考えている。第Ⅱ段階は、トイレットトレーニングや生活習慣のしつけなど外的な統制を受け入れ、自らその枠組みを内在化させる時期である。うまく衝動を抑えて内在化に成功すれば自律性が育つ。失敗すれば恥ずかしさや苦痛を感じることになる。第Ⅲ段階は遊戯期ともいわれ、自

発性が発揮され友達と仲良く遊ぶ。自己中心的な行動が目立つなどして友達から非難されると罪の意識も感じるようになる。

第Ⅳ段階は、内的な欲求も高まり学ぶことを楽しむ時期である。子どもたちは勤勉に学び成果が上がると有能感を味わう。しかし親や教師の要求水準が高すぎると自信をなくし劣等感を持つようになる。

第Ⅴ段階の青年期は自己の存在への問い直しや、生き方、価値観、職業への適性などについて自問自答をする時期である。そして多くの青年が数年をかけた葛藤のなかで自分らしさを見出していく。これを自我同一性（アイデンティティ）の確立という。他方、葛藤を抜け出せずに模索し続けたり、心の闘いを先延ばしにしたりして自分がわからなくなる状態を自我同一性の拡散という。その後も大人としての発達危機を乗り越えながら人生を全うする。

このように、人が社会的要求と自我との対立や葛藤をどう乗り越えるかについて8段階にまとめたエリクソンの発達論は、死までの発達を図式化しており、生涯発達理論ともいわれている。

📌 ヴィゴツキーの最近接領域説

旧ソ連の心理学者ヴィゴツキーは、人の発達は外の世界との社会的相互交渉によること、人が発達する環境とは歴史＝社会的環境であること、人の高次の精神活動は記号を媒介とした間接的活動であること、の3つを中心とした発達論を唱えた（ヴィゴツキー、1960/1980）。

Vygotsky, L. S. (1896–1934)

たとえば、幼児は集団のなかで独り言を言いながら遊ぶが、成長につれて独り言が少なくなってくる。これは独り言が内面化したからであり、これを「内言」という。ヴィゴツキーは、思考の起源は「内言」であると考えた。ヴィゴツキーによれば、子どもの思考の発達とは、個人と社会すなわち会話する他者との共同的な過程である。

教育もまた個人と社会の共同的な過程である。発達の最近接領域とは、子どもが独力で解決できる領域とまったくできない領域の間にある、周囲からの適

切な援助があれば解決できるという領域のことである。したがって、子どもの最近接領域を探りあて、そこに大人や先達者が援助や助言をすることで、子どもは知識や技能を獲得することができると考えられている。ヴィゴツキーの発達の最近接領域の考え方は、今日の教育活動にも大きな影響を与えている。

📌 ピアジェの発達段階説

ピアジェは、論理的思考や認知の発達を中心に発達理論を構築した（ピアジェ、1948/1975）。人の認知発達は表2-1のように、それぞれユニークな構造をもつ4つの段階を経て進むが、その発達の速度には個人差があるとした。ピアジェの発達段階の区分では、感覚運動期はいわゆる乳児期にあたり、前操作期は幼児期、具体的操作期は児童期にあたる。形式的操作期は、12歳以降で成人までを含んでいる。

Piaget, J. (1896–1980)

ピアジェの4つの発達段階は、年齢がくれば自然に生じてくるのではなく、いろいろな経験が必要である。乳児であれば、人やものとの適切な相互作用があってはじめて前操作期に進む。このときの構造的変化をピアジェは「適応」という概念で説明している。

乳児は、今までもっていた知識やものとの接し方と矛盾する新しい環境に出会ったとき、今までの認知構造に取り込もうとする。これを「同化」という。しかしうまく「同化」できないときは、自分の認知構造自体を新しい環境に合うように変える。これを「調節」という。このような「同化」から「調節」までの過程を「適応」というのである。子どもの知的な発達は、環境や情報に対する「適応」を繰り返していくことである。このような適応様式は、生物界に見られる有機体と環境との間の順応の形態と類似している。

ピアジェの発達理論は、概念形成、数概念、物理的概念などの発達も含む壮大な理論であり、第3章以降でもう一度触れたい。

表2-1 ピアジェの認知発達論

段 階	年 齢	特 徴
感覚運動期	出生から2歳	外界の対象についての知識は感覚と運動に基づく。この段階はさらに6つの下位段階に分かれており、最後には心内表象が使えるようになる。
前操作期	2歳から6、7歳	外界の特徴を抽象したことばや数といったシンボルを使用するようになる。しかしまだ自分の視点を離れた思考は困難である。
具体的操作期	7歳から11、12歳	表象の論理的な操作が可能になる。しかし「今、ここ」の世界を離れた抽象的な思考は困難である。
形式的操作期	12歳以降	仮想的な状況、可能な世界についても論理的な表象の操作ができる。

注：年齢はおおよその目安であり、文化的背景・社会経済的要因によって変動がある。
出典：高井、2003

3　その後の発展

　ピアジェの児童心理学や発達段階説がわが国に紹介されたのは1960年代である。以後、児童心理や認知発達に関連する研究が盛んに行われるようになった。また1989年には発達心理学会が発足し、今日では4000人を超える学会員を擁している。学会誌に発表される研究分野は、認知発達ばかりではなく、言語発達、社会性、親子関係、障害児支援、理論研究など多岐にわたっている。

　これらの研究は、グランドセオリーではなく、ミニセオリーである。すなわち、ある個別の領域の発達的変化について研究者が仮説を立てて検証し考察するもので、「子どもの発達とはこういうもの」という大きな結論を主張するものではない。例として、発達心理学研究の最新版の発表論文タイトルを見てみると、「幼児におけるうそ行動の認知的基盤の検討」（藤戸ほか、2015）、「新：大学生のアイデンティティーの変化と主体的な学習態度の変化の関連」（川本ほか、2015）などがある。これらは、著者なりの観点から幼児や青年のある領域の発達を明らかにしており、このような研究の積み重ねが、私たちの子ども理解を助けてくれることになる。

📖 これからの学習のための推薦図書

村田孝次　1987　発達心理学史入門　培風館
　言語発達や生涯発達心理学の大家であった著者は、発達心理学の歴史についても多くの記述がある。本書は、歴史をひも解きながら、現在の発達心理学のルーツをわかりやすくまとめたもの。

鑪幹八郎　1990　アイデンティティの心理学　講談社
　本書はエリクソンの生涯を紹介し、その体験からいかにして心理社会的発達論が生まれたかがわかりやすく書かれている。読み物として楽しめる。

柴田義松　2006　ヴィゴツキー入門　寺子屋新書
　日本にヴィゴツキーを紹介した著者が、難しいとされている理論をかみ砕いて説明している。ヴィゴツキー理論の教育界への貢献などがよくわかり、教職を目指す人の必読書である。

第3章　認知の発達

> **本章のポイント**
>
> 　現実の子どもの発達は、日々の暮らしとともに展開されるものである。そのなかで子どもは周囲の世界をどのように見て、どう理解しているのだろうか。本章では、こうした子どもの、見る、知るという認知の働きを年齢変化とともに見ていく。認知の発達的変化は、子どもの知的発達の大きな柱であり、暮らしのなかの基本的な活動である。ピアジェの認知発達理論を中心に解説する（ピアジェ、1948/1975 ほか）。

1　認知とは

📌 視覚的認知と動作的認知

　わかること、知ることを認知という。認知は知性の出発点ともいえる。身の回りのモノ（対象）を適切に扱い、個々のモノを他のモノと区別できるのは、これは鉛筆、これは消しゴムというようにモノの名称を知り、それぞれの用途や特徴すなわち意味を理解しているからであり、認知しているからである。

　乳児はことばや概念が未発達であるためモノの名称は知らないが、図柄を見分けるという視覚的弁別力がある。これを視覚的認知という。乳児は複雑な柄と無地（白紙）の弁別、縞模様と無地（白紙）の弁別などの能力を持っていることは古くから知られている（ファンツ、1961）。

　また乳児は、10、11 か月になるとモノにふさわしい動作をする。ヘアブラシを持つと自分の頭にあてようとするし、くつ下を見ると足を出そうとする。これはモノの意味を認知していることを動作で示しており、動作的認知という。

　視覚的認知や動作的認知は認知の一部分であり、とくに視覚的認知は情報の入り口ともいえる。知覚や感覚も認知の入り口である。見たモノ、聞いたこと

から〇〇だ、とわかるからである。

📌 認知と記憶・思考

　あるモノを認知するときは、そのモノに対して、それまでに記憶している知識との比較、類推、分析などの思考過程を含んでいる。したがって、認知は思考、記憶などと区別することは困難であり、認知と思考は相互に切っても切れない関係にある。

　認知と思考の能力は乳児期から青年期までに著しく発達するが、その後についても最近研究されるようになってきた。大川ら（2011）によると、青年期以降の壮年期、老齢期にかけて喪失していく能力もあるが、特定分野の知識や洞察力など増大するものもあり、経験による個人差が大きくなる。とくに青年期以降は、認知、記憶、思考などの総合的な能力が成熟していくと考えられている。

📌 感覚運動的認知

　生まれたての乳児は感覚の世界に生きている。匂い、音を通して、また身体の活動を通して外界とかかわりをもつ。そこで乳児の認知世界は here and now〈ここ・いま〉といわれる。現前のできごとが認知の世界のほぼすべてである。見えないものや自分が今、体験していない事柄やモノは世界には存在していないかのようにふるまう。数か月して体の動きが活発になると、感覚や運動を通しておもちゃや人との相互交流が盛んになる。そして、おもちゃの操作のしかたが巧みになる。人への愛着も芽生え、模倣がさかんになるなど徐々に新しい環境に適応していく。

　ピアジェ理論では、0歳から2歳ごろまでを感覚運動的認知（知能）といい、6つの下位段階に分かれている。乳児は、第4段階の生後8か月ごろには〈ここ・いま〉という世界から脱して、目の前には見えない対象物をイメージする能力が芽生える。1歳半ごろには対象物の特徴をとらえて心のなかで表象（representation）することができるようになる。例として、目の前に見えない事象に対する模倣や何かのふりをする遊びなどがある。今ここにないものについ

てイメージする能力や表象機能は、言語発達の基本的要件の一つであり、本格的な認知発達の出発点でもある（村田、1990）。

感覚運動期の表象機能の発達を示す例として、モノや事柄の因果関係の発見、対象の永続性の形成、象徴遊び、遅延模倣などがある。

📌 因果関係の発見

乳児は4、5か月ごろからモノに手を伸ばし偶発的な操作をするようになる。8か月ごろから、自分でおもちゃのガラガラを振って遊ぶなど、意図的な遊びが見られるようになる。ブザーをたたいて音を出す、モノをテーブルから落とす、などを何度も繰り返す。これは、〈振るとがさがさと音が鳴る〉〈たたくとブザー音が出る〉という事物と動作の関係を体験しているのである。ピアジェによれば、乳児が同じ動作を繰り返すのは、単純におもしろいからであり、同時に「こうすればこうなる」という行為とモノとの因果関係を発見した証拠でもある。事象の原因と結果の理解は、論理的思考やコミュニケーションの発達の基礎となる能力である。

最近では、乳児はいつからモノ同士の因果関係を認識できるのかについて多くの実験研究が行われている（小杉、2014）。乳児の注視行動を手がかりに行われた実験では、生後6、7か月には、「衝突駆動事象」（図3-1）の因果性を知覚することがわかった。つまり、乳児は図の上段の動きは自然なモノ同士の

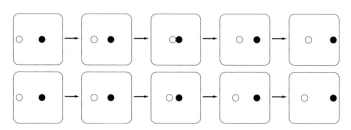

上が接触事象、下が非接触事象を表す（接触事象において、接触してから黒が動き出すまでに遅延がある事象は接触遅延事象、非接触事象において同様の遅延がある事象は非接触遅延事象と呼ばれる）。

図3-1「衝突駆動事象」

出典：小杉、2014

関係、すなわち左のモノが原因となって右のモノが動いたという結果をあらわす衝突であると受け止めた。そして下の段の点の動きは不自然な動きであると受け止めている。このような研究から現在では、乳児はピアジェの指摘よりも早い時期に因果性の認識があると考えられるようになっている。

📌 対象の永続性の形成

8か月過ぎの乳児に、対象物を呈示して注目させた後にそれを布などで隠すと、乳児はそれを探そうとする。ピアジェは、このような動作は、乳児が対象の永続性を理解しているためであると考えた。隠されて見えなくなったものを乳児が探すのは、見えないモノを心に思い描く、表象すなわちイメージしていることになるからである。

1歳ごろの乳児は、対象の永続性を理解しても、見えなくなったものを探すときは見えなくなった地点だけを探す。そして見つからなければ、あたかも眼前で消失したかのように探すのをやめてしまう。しかし、月齢が進むにつれて「あるはずだ」というように他の地点も含めて探し続けるようになり、1歳半ごろまでには、どのように隠されても探しあてられるようになる。このころ対象の永続性が形成されたといえる。

一方バウワー（1974/1979）は、探すという行為ではなく、乳児の驚き反応や視覚的探索活動という指標を用いて、対象の永続性を明らかにする実験を行った。すると図3-2のような場面では、乳児は4か月から6か月までの間に驚きを示すようになる。「モノが消える」という不自然さに驚きを示すことからバウワーは、乳児は6か月くらいには対象の永続性は理解していると考えた。しかし、「驚き反応」や目の動きによって対象の永続性の形成を類推することについては異論もあり、議論が続いている。

📌 象徴遊びと延滞模倣

乳児の遊びは、はじめは自分の欲求にしたがい、感覚を楽しむような行為である。食器であっても用途には無関係に振ったりなめたりたたいたりするのみである。8か月ごろになるとモノを扱う経験や周りの人の使い方への模倣から、

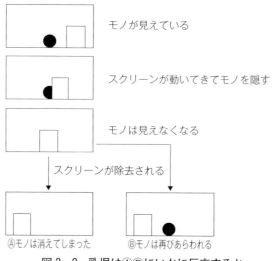

図 3-2　乳児はⒶⒷにいかに反応するか
出典：バウワー、1974/1979

スプーンは柄のところを握る、カップは口に持っていくなどの扱いができるようになる。

　1歳半になると、積み木を電車に見たてる、タオルを人形に見たてるなど、モノを象徴するシンボルを使って、象徴遊びが見られるようになる（図3-3）。そして2、3歳ごろには同輩や大人を巻き込んで、外での遊びを再現するようなストーリー性のある複雑な遊びも見られるようになる。幼児に見られるごっこ遊びも象徴遊びの一種である。象徴遊びは認知発達をより高い水準に引き上げるのに役立つと考えられている（村田、1990）。

　象徴遊びが盛んな時期には延滞模倣も現れる。延滞模倣は、他者の行為のコピーである模倣が、モデルの行為の直後ではなく長い時間を経過してから現れるものである。象徴遊びと延滞模倣は機能的には関連している。遊びは、その行為を自分の持っている内的な行動様式に取り入れる活動であるが、模倣は、自分の行動様式を他者の行為に適合させ調節するものであり、遊びと模倣が繰り返されて認知発達が進むと考えられている。

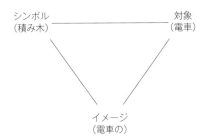

図3-3　象徴遊び（積み木を電車に見立てて遊ぶ）

2　幼児の認知

📌 前操作的段階

　ピアジェは幼児の認知を前操作的段階と呼び、4歳ごろまでを前概念的思考、後半を直観的思考の段階とした。

　前概念とは、クラス（類）の概念が未発達で不安定な状態をいう。一定の概念にもとづいた分類ができないのである。たとえばテーブルの上に青や赤の車のおもちゃ、積み木、赤や青の服を着たお人形などが5、6個あるとしよう。4歳までの幼児にこれらを仲間同士に分けさせると、赤い車と青い車と青い積み木の3個を1つの仲間だといったりする。幼児は、仲間分けに際して2つの概念、色と車を混在させており、一定の概念による分類という考え方ができないことが多い。

　直観的思考とは、物事を判断するときに論理ではなく直観によって判断することである。「葉っぱが頭の上に落ちてきた。ボクにいい子だねって言ってるよ」などのように現実と想像を混同した発言をするのはそのためである。また、動いているように見える月や雲などの無生物は、人間と同様に生命があり、感情をもっていると考える。この観念をアニミズムという。ほかに幼児の直観的思考のあらわれとして、自己中心性、保存概念の未発達、相貌的知覚などがある。

📌 自己中心性

　他者の視点を考えない認知の特徴を自己中心性という。ピアジェの三つ山問題が有名である（図3-4）。子どもの向かい側にある人形からの三つの山の見え方を子どもに尋ねると、4、5歳の子どもは自分自身の見え方をそのまま答える。そこで幼児は人形の視点など自分以外の視点を考えにいれることができない、とピアジェはいう（ピアジェほか、1956/1969）。6、7歳になると他人は自分と違った見え方をしていると気づきはじめるが、完全な予想は難しいようだ。このころは向かい合った相手の左右もよく間違える。

　しかし、課題や手続きによっては、相手の視点を考慮することができるという研究者は多い。相手の位置まで子どもを移動させて視点を変える体験をさせることによって脱自己中心性が見られる場合もある。そこで、「幼児期を児童期と比較して、失敗者として扱うのはやめるべき」という考え方もある。

📌 相貌的知覚

　ウェルナー（1948/1976）は幼児のアニミズムのあらわれを相貌的知覚と呼んだ。事物の動きを人間の顔かたちや表情、動作になぞらえて知覚することである。車の正面が人の顔に見えたり、木立を人が立っているように知覚することである。

　子どもの絵本やアニメーションではこのような子どもの心性を先取りしているものが多い。絵本の「機関車トーマス」（オードリー、2005）は、はじめから機関車の前面にトーマスという少年の顔が大きく描かれ、機関車が表情豊かにおしゃべりする。このような絵本が子どもに受け入れられるのは、子どもたちが相貌的知覚の時期であることと関連があるだろう。

📌 数　概　念

　幼児の数への関心は、1対1対応や機械的な数唱から始まる。しかし、直観的思考の時期であるため1対1対応も、数の数え方も対象の大きさや配置などの見かけに左右される場合があり、不安定である。どのようなものでも、どの

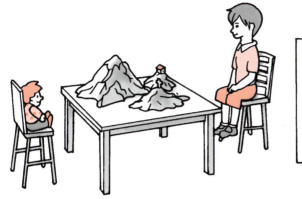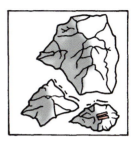

図3-4 三つ山問題

出典：ピアジェほか、1956

状況でも個数を正しく数えたり、全体でいくつあるかを把握するためには数の系列性、包摂性がわかってくる児童期を待たねばならない。

3 児童期の認知

📌 具体的操作段階

対象物や出来事を論理的に思考しはじめる児童期の段階である。具体的とは、目の前にある対象に限って論理的に思考することができるという意味である。

幼児期には不安定であった類概念、系列化、数概念、保存概念、知識の階層化などが達成される。

📌 数 概 念

数字は順序を表すと同時に集合数も表している（図3-5）。前者を系列性（序数性）、後者を包摂性（基数性）という。序数性は系列化の知識に依存しており、前の数が後の数より大きいという系列関係の理解が前提となっている。基数性は、前の数が後の数に含まれるという類の包摂関係が含まれており、類概念の知識に依存して形成される（岡本、1991）。

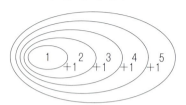

図3-5 数の系列性と包摂性
出典：岡本、1991

したがって、幼児期に100まで数唱するなど数字の知識を持っている子どももいるが、数概念は未熟である。児童期になって系列性、包摂性、集合などの数概念が形成されると、四則演算が可能となり、論理的思考も発達していく。

保存概念

事物の数や量は変形されても変わらない、という信念を保存概念という。図3-6のように、おはじきの間隔を空けても、あるいは、別のビーカーに入れ替えても、おはじきの数やビーカーの水の量は変わらない。しかし幼児はこれを、おはじきが「多くなった」、水が「たくさんある」などと見かけに左右されるため、保存概念が形成されていないことがわかる。

児童期は、7歳ぐらいから10歳ぐらいにかけて、数、長さ、液量、重さの順に保存概念が成立する（図3-6）。その際児童は、保存課題に対して、同一性、可逆性、相補性という3つの論理的な推論を行うようになる。同一性とは、（おはじきは）何も加えたり取り去ったりしていないから、それ以前とまったく同じ数であるという推論、可逆性とは、（おはじきの間隔を空けても）もとに戻すことができるから2つは同じ数だという推論、相補性とは、（おはじきの間隔を空けて長く見えても）その分間隔が広いという推論である。

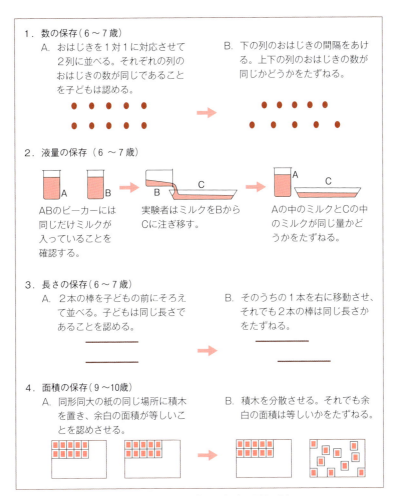

図3-6 ピアジェの保存課題の例

出典：村田、1990

類概念

　類概念とは、事物を〈食べ物〉や〈おもちゃ〉などの仲間（類）に分類できること、また〈果物〉は〈食べ物〉に含まれるという包摂関係を理解することである。さらに、類の加法操作と乗法操作ができることも含まれている。乗法操作とは、〈大きさ（大中小）〉の概念と〈バナナ〉の概念を掛け合わせて、「大

きいバナナ」という概念を作り出すことができることである。

　類の包摂関係や加法・乗法の操作は、児童がことばの知識を増やすとき、また算数の四則演算を理解するとき不可欠の認知的基礎である。

　このような類の概念の獲得は、知識の階層性ももたらす。たとえば、バナナという果物は、植物であり、食べ物でもあるというような階層的な理解が可能になるのは小学3年生以降といわれる（土居、1986）。

4　青年期の認知

📌 形式的操作段階

　児童期以降の認知の特徴は、論理的推論や抽象的推論である。論理的推論とは、可能性の世界を扱うことができるようになることである。たとえば「5つの液のどれかを複数混ぜ合わせて黄色い液をつくる」という課題に対して、ランダムに混ぜ合わせて試行錯誤するのではなく、組織的、論理的にすべての組み合わせを試行すれば解決できる、ということを想像する、あるいは仮定することである。これをピアジェは形式的操作といっている。

　青年期は、このように可能性の世界を扱い、まず仮説を立てて演繹的に推理するようになる。これを仮説演繹的思考という。これらは、数学や科学法則の理解を支える思考であると同時に、現実に出会う矛盾や葛藤を統合し、形而上学的な思考を可能にする。

📌 青年期の認知発達とそれ以降

　ピアジェは、形式的操作段階の認知は児童期以後大人まで続くとしたが、詳細は語っていない。一方、生涯発達心理学の立場からバルテス（1987）は、成人の発達を多元性、多方向性を軸としてとらえており、退行していくものもあれば発達し向上する能力や技術もあると考えている。

　知的発達においては、問題解決的思考や暗記力などの流動性知能は年齢とともに衰退するが、語いや一般的知識である結晶性知能は高齢期まで発達するといわれる。とくに専門的知識たとえばある職業で用いる知識や語い、および技

能は、高齢者のほうが青年よりすぐれていることが多い。

青年期以降も認知発達は部分的に続いていくといえよう。

5 認知の発達を促す要因

📌 社会的学習と相互交渉

　認知発達は他者とのかかわりを通して促される。社会的学習とは他者の行為や発言を見ることにより新たな知識や好意を学習することである。幼児が親の家事を見て模倣したり、他の子どもがおもちゃを乱暴に扱うのを見て自分も同じように扱ったりするのはよく目にすることである。

　学校でも社会的学習の機会は多い。授業場面での社会的学習の例を見てみよう。授業では教師は子どもに個別に話しかけるというより、クラスみんなに話しかけ、問いかける。それに対してたとえばA子が発言したとしよう。このときA子以外の子どもは、A子の発言や態度を見て、またA子に対する教師の発言や態度を見て、多くのことを学習する。A子以外の子どもは、直接自分が教師とやり取りしないけれども、A子と教師の反応から、正解は何か、それに至るにはどう考えるのがよいのか、どう発言すればより伝わりやすいかなどを学習することができる。授業や学校は社会的学習の機会に満ちており、他者の行為を通して間接的に多くのことを学ぶのである。

　また人との相互交渉も認知発達を促す契機となる。親は子どもにことばや行為を通して密接にかかわり世話をする。子ども同士は互いに、模倣したり、競争をしたり、いざこざに巻き込まれたりしながら遊ぶ。これらの場面は、子どもは遊びのレパートリーを増やし、新しいものの見方に出会うだけでなく、行為の意味や因果関係などを学ぶ絶好の機会となる。

　このような社会的学習や人との相互交渉を通して、子どもは自分の現在の活動を調整し、外界を処理する新しいシェマを発達させていく。

📌 ことばの介在

　児童の分類行動を手がかりにした研究から、ことばと認知の関係をみてみよ

う（ブルーナー、1966/1968）。ブルーナーによると8歳までは、〈りんご、太陽、かぼちゃ〉のような単語や絵を似ているものとしてまとめることはできるが、〈寒暖計、定規、気球〉を似ているものと考えることができない。これは、前者は丸いという知覚的属性でまとめられるが後者は知覚的属性ではなく機能的属性でまとめなければならないからである。機能的属性については、「測るものである」という言語的認知が必要である。

つまり、言語の介在によって、より高度の分類行動ができるようになる例である。

📌 内発的動機づけ

乳幼児期には知的好奇心を満たす遊びが身の回りにあふれている。知らないことばかり、やってみないとわからないことばかりで、乳児自身の内発的な動機に動かされた活動によって、乳児期の認知は促されてきた。

児童期の学習も内発的な動機づけが重要である。実際、学校ではカラフルでわかりやすい教科書、活動や体験重視の授業形態、グループでの話し合いを取り入れた協同学習などにより、子どもが「おもしろい」「楽しい」と内発的に動機づけられる工夫がなされている。

内発的動機づけによる学習の深まり、世界の未知のものごとへの認識は、子どもの認知発達につながるだろう。

📌 親の態度の影響

家庭教育では、親のことば遣いや態度が子どもの成長を左右する。社会言語学者のバーンスタイン（小嶋ほか、2004より引用）は、親の発話を2つのコードに分けて子どもへの影響を推論した。2つとは、文脈との関連で行動の合図として働くような発話である制限コードと、個別に詳しく説明し相手に理解してもらおうとする精密コードという発話である。

イギリスの下層階層と中流階層の家庭をくらべると、中流階層では精密コードが多く子どもの学習は好ましい結果であった。一方、下層階層では制限コードが多く子どもに問題が生じたという。つまり、直接的な命令や禁止が多く説

明することばが少ない下層階層の親に接している子どもは、自分で考えたり分析したりする認知的態度が育ちにくく、学校教育についていけないのではないかと推測している。

バーンスタインの研究は問題点も指摘されているが、親のことば遣いや態度の重要性を指摘した点は注目すべきところである。

📖 これからの学習のための推薦図書

岡本夏木　1991　児童心理　岩波書店
　　1970年代から日本の発達心理学の発展に寄与した岡本氏の概説書。子どもの行動のなかにある認知的な活動をとらえて、わかりやすく説明されている。社会性やことばの発達と認知の関係にも触れている。

吉田直子・片岡基明（編）　2003　子どもの発達心理学を学ぶ人のために　世界思想社
　　認知発達や言語発達を中心に、知的発達全般について具体的な研究が紹介されている。研究方法などを含めて研究結果がわかりやすく示されており、子どもの心がどのようにしてわかるのかも理解できる。

加藤義信（編）　2008　資料でわかる認知発達心理学入門　ひとなる書房
　　ピアジェ理論だけではなく、最近のテーマである、心の理論、共同注意、時間概念、子どもの絵、文字の読み書きの発達、自閉症児の読み書きなど、広い視野に立って子どもの認知発達の研究を詳しく紹介している。

第4章 言語活動の発達

本章のポイント

人間を他の高等動物から区別する特徴の一つは、ことばによるコミュニケーションである。ことばは、コミュニケーションだけではなく、思考や知識、文化を形成し、後世にそれを伝える。ことばの発達は認知や社会性などと深く結びついているが、本章では、子どもがどのようにことばを獲得し使用していくのかを見ていく。

1　ことばの働き

命名の機能

モノには名前がつけられている。これをラベリングという。乳児は、自分が遊んでいる車のおもちゃに、周りの大人が「ブーブー」という名前で呼ぶのを何回も聞いて、自分も似たような発声を繰り返しながら、「ブーブー」＝車の名前、ということを自然に理解し覚えていく。

ことばには、モノの名前を表す働きがあることを「発見」した子どもの有名なエピソードがある。生後1歳8か月のときの病気で視覚、聴覚そして言語に障害が残ったヘレン・ケラーの自伝（1979）によると、まだしゃべれないときに1つのモノに1つの単語を対応させて指文字で暗記する、という訓練を受けていた。たとえば砂糖つぼを持たされると suger と指文字で反応する。このように20個以上のものとそれぞれの指文字単語を覚えていたが、本人の回想では、モノにただ記号を対応させて暗記していただけでそれ以上の意味は考えなかったという。ところがある暑い日、散歩の途中で、サリバン先生が冷たい水にヘレンの手を触れさせ、もう一方の手のひらに素早く「水」という文字をつ

づってくれた。ヘレンは、「……突然、私は、何かしら忘れていたものを思い出すような、あるいはよみがえってこようとする思想のおののきといった一種の神秘な自覚を感じました。私はこの時初めて、w-a-t-e-r は今自分の片手をながれている不思議な冷たいものであることを知りました」と書いている。

ヘレンが、水というモノとことばの関係に心から納得する瞬間である。その後、彼女は「じゃあ、これは？」と次々に近くにあった石や葉を手にとり、自分から名前を質問して教えてもらい、実感を持ってモノの名前、すなわちことばを覚えたという。

以上は三重の障害をもつヘレン・ケラーが、モノに名前があることに気づいたエピソードであるが、普通の乳児にもこのような心の動きの瞬間があるのではないだろうか。

弁別の機能

モノの名前は通常1つである。車といえば、動力と4つの車輪のある乗り物のことであり、自転車でもなく他のなにものでもない。このようにことばすなわち名前には、他のものと区別するという弁別の働きがある。さらに、黄色い車、大きい車、大きな黄色の車、などのような形容することばがつくと、区別がさらに細分化される。

色のような本来連続した帯のようなものにも、名前をつけることで、カテゴリーに区切って色の名前を理解している（今井、2010）。たとえば、トマトの色、消防車の色、イチゴの色はそれぞれ微妙に異なるがすべて「赤」と名づけ、赤として認識する。一方、日本語では雨にも時雨、霧雨、天気雨などの表現があり、日本語習得者ならそれぞれの雨の情景を区別して思い浮かべることができる。しかし、そのことばを知らない人にとっては霧雨が降っていてもただ「雨」が降っていると思うだろう。モノや事柄の区別や理解にはことばが介在しているのである。

社会的機能

最もよく知られたことばの働きは、人とコミュニケーションする社会的機能

である。コミュニケーションは、相互交渉であって単にAさんからBさんへの一方通行では終わらない。相互交渉ではお互いが話題の内容を共有するという共有関係が前提となる。この共有関係の始まりは、乳児期と養育者との視線の共有である。2人が同じモノを見て分かり合い、身振りや指さしで意志を伝える段階を経て、ことばのやり取りに発展していく。

📍 心の発達の目印

多くの子どもは1歳ごろに初語が見られる。初語とは初めて話す意味のあることばであり、親にとってもわかりやすい成長の目印である。子どもがもし、2歳になっても1語も話さないと親は心配になるだろう。このような場合でも、親とことばによらない相互交渉ができて元気に遊べるようならば、そのうち自然に話せるようになることが多い。そして、瞬く間に他の子どもと同様にことばが増えていくのが普通である。ことばの発達は後に述べるように個人差が大きい。

しかし、なかには3歳になってもことばが出ない、増えない、発音がおかしい、などの現象からさまざまな障害が疑われることがある。知的障害児、聴覚障害児、発達障害児などは初語が遅れ、獲得のプロセスも異なってくるため、親は心配になる。そこで、乳児期の初語の遅れが気になるときは、個人差による遅れなのかなんらかの障害に起因するものであるのかを、専門機関に診てもらうのがよい。障害からくる遅れの場合、その障害に対して早期に対応したほうがよいからである。

以上のように、ことばの発達やその遅れは周りの人々にとってわかりやすい現象であるので、心の発達全体の目印になるのである。

2　ことばの発達を支えるもの

📍 生理学的基盤

ことばの発達は、大脳皮質の言語野、聴覚、視知覚、口腔機能などの生理的な機能が正常であることが前提である。たとえば大脳皮質の形成不全は知的障

害やてんかんなどの障害をもたらす。また口唇口蓋裂(こうしんこうがいれつ)などの口腔の異常は吸乳や発声が妨げられるので、形成手術やその後の発声訓練などが必要となる。聴覚障害は、音声言語の習得に遅れをもたらし、概念形成などにも影響する。

愛着の形成

　乳児は、出生直後から密接に母親とかかわる。そして数か月の間に、母子で見つめあう、目で母親の視線を追う、微笑むなどの行為も増える。母親が立ち去ろうとすると後追いしたり泣いたりする。ボウルビィ（1979/1981）によれば、これは育児者との間の情緒的な絆(きずな)すなわち愛着が形成されたためである。愛着によって乳児と育児をする人との間には信頼関係が築かれ、身近な他者への信頼へと発展していく。

　乳児は、他者との信頼関係によって、他者は信頼に値するものであるという確信を持つようになり、環境や他者が予測可能なものであるという安心感を持つようになる。村田（1990）によれば、この安心感が新しい事態に対処する基礎となり、他者に対して自分の感情や欲求を自由に伝達することにつながる。

　また、乳児は愛着を持つ人の行為や音声を模倣する傾向を持つ。服を着る、靴を履く、タオルを使うなどの生活上のしぐさは、はじめは母親など身近な愛着を持っている人の行為の模倣である。同じように、「マンマ」「ブーブー」などのことばも愛着を持つ人の模倣から始まる。このように、言語発達は、愛着の形成という乳児期初期の出来事から始まっている。

認知発達

　乳児が2つの食べ物、たとえばイチゴとバナナを「マンマ」ということばで命名するときあるいは理解するとき、乳児はその2つのものの共通の特徴、意味を抽出している。この意味を抽出する働きは認知機能である。また1つの音声言語を獲得するのは、対象となるモノを認知して他と区別しているからである。バナナを「マンマ」というときは、乳児は、「（黄色い）食べ物のことだ」というようにその意味を認知し、他の食べ物やおもちゃとは区別しており、ここでも認知が働いている。

2語文、3語文を話すときも認知の働きが関与している。「ママが」「じぶんで」などの助詞を使うときも、行為と人の関係の理解が必要である。文が長くなれば、モノ、人との複雑な関係の理解が必要になる。
　このように言語発達と認知機能は密接な関係がある。

制　約　説

　言語は模倣によって獲得されていくが、それがすべてではない。とくに、語いが爆発的に増えるときや2語文、3語文を獲得するときには、子どもは模倣ばかりでなく自ら類推して新しい語いを自発的に獲得するといわれる。また今まで使わなかった語いの組み合わせで話すなど、ことばを拡張させることができる。そこで、言語獲得には、なんらかの生得的な制約が働いていると考えられている。内田が紹介した2つの制約説を見てみよう（内田、2011）。
　1つは「事物全体制約」である。子どもは、未知のことばを聞いたとき事物の部分や属性ではなく事物全体を指していると考える傾向を持つ、という制約である。2つ目は、「相互排他性制約」である。子どもは、未知のことばを聞いたとき、1つの事物には1つの名前がつけられていると解釈する、という制約である。3つのうち2つを知っていたら、未知のことばは3つ目のものの名前だろうと考えるのである。ただし、このような制約の影響は、単語の品詞や子どもの経験によって一定ではないとも言われている。
　言語学者チョムスキー（1957/1963）は、人はLAD（言語獲得装置）という普遍的な文法を生得的に備えているという、生成文法論を主張している。子どもが短期間に、大人も使っていない文法規則を自分で作りながら複雑な言語の知識を習得するのは、このような背景があるとの主張である。
　筆者も幼児が「血がでた」「蚊ががいた」と話すのを聞いたことがある。これは「○○が△△した」という格助詞を使った表現を習得して、○○のところに「血が」「蚊が」を自分なりに当てはめたと考えられる。あるいは、「スキクナイ」（好きではない）という幼児の誤用なども、「多くない」「小さくない」という大人の表現を幼児自身が応用した結果であると推測できる。子どもは既知の文法を用いて自分なりに新たな表現を作り出しているようである。

このように、言語獲得装置を想定させるほど幼児期の言語獲得のスピードと質は驚異的なものであり、そのメカニズムは未知の部分が多い。

3　ことばの発達過程

📌 ことばの胎生期

　出生から1歳前後までを岡本（1982）はことばの胎生期と呼んでいる。1歳までは、乳児は意味のあることばは発しないものの前言語的なコミュニケーション行動が発達するからである。

　出生直後から母親の顔や声のするほうを見たりするが、これはコミュニケーション行動の始まりとも言える。そして3か月ごろから人に微笑したり声を出したりする。5、6か月ごろからは、母親の見ているものに注目したり（視線の共有）、意味不明の発声（なん語）で大人とまるで対話するような声のやりとりをする。その後、興味のある対象や欲しい対象を指さししたり、身振りで意志を示したりするようになる。イナイイナイバアやモノのやり取りなど、役割を交代する遊びも盛んになる。やり取りや役割交代は会話の基本スタイルであり、この時期はあたかも遊びながら会話のスタイルを練習しているようである。

　また、1歳近くになると状況や大人の意図への理解が進む。大人の話す簡単なことばも理解し、「おいで」と言われて近づいたりする。こうして、聞いてわかる理解語が増えていく。

　ことばの胎生期は、このように、言語的コミュニケーションに必要な条件がでそろい、話しことばの誕生の前夜といえる。

📌 ことばの獲得期

　1、2歳代はことばの獲得期である。初めての意味のあることばである初語が、1歳前後に出現する。食べ物を意味する「マンマ」やおもちゃの車を意味する「ブーブー」などである。しかし、初語の獲得すなわち、音声とその意味の理解はそれほど単純ではないようだ。

岡本（1982）によると、N児ははじめ快状態のとき「ナンナン」「ニャンニャン」というなん語を発していた。生後9か月ごろ、白い犬のぬいぐるみに対して「ニャンニャン」を用いるようになった。その後、本物の犬、ライオン、白毛の靴、黒いひものふさ、などにも「ニャンニャン」というようになった。これは、N児が「ニャンニャン」という語を、白い犬、他の動物、ふさふさしたもの、という広い意味で理解しているためだと推測された。そして4か月ほどを経て「ニャンニャン」を使用する範囲が狭くなり、動物のネコだけに「ニャンニャン」という語を用いるようになった。N児が一般的な意味の「ニャンニャン」という語を獲得するのに4か月を要したということである。

　1歳代後半には50語程度のことばを獲得するのが平均的である。ある調査（表4−1）では、50％の子どもが50語を獲得するのは、日本の子どもでは月齢21か月（1歳9か月）、アメリカの子どもでは月齢18か月（1歳半）で、日本の子どもより早い傾向にあった（小椋、2008）。また、1歳半から2歳代は急激に語い数が増えることから、語い爆発（ボキャブラリー・スパート）と言われる。

　また、1歳代は語いが増えることと平行して1語文という表現が始まる。1

表4−1　50％以上の乳児が表出した語の発現時期*の日米比較

日本	15か月	「マンマ」「バー」「ワンワン」「アーアッ」
	16か月	「バイバイ」
	17か月	「はい」「ブーブー」「アイタ」「ネンネ」「ニャンニャン」
	21か月	計50語に達した時期
米国	12か月	daddy　mommy
	13か月	bye
	14か月	hi　uh　oh　dog
	15か月	no　ball　baby
	18か月	計50語に達した時期

＊　マッカーサー乳幼児言語発達質問紙への親の回答を分析した結果の一部
出典：小椋、2008より筆者作成

語文とは単語だけで文章の意味を持つ表現である。たとえば乳児が「ブーブー」と発声した場合に、「ブーブーがある」「ブーブーとって」「ブーブーいっちゃった」などの意味が含まれる表現である。その後、2語文(<u>ちーちゃん　クック</u>)(<u>ちーちゃん　の</u>)、3語文(<u>ちーちゃん　の　クック</u>)など、一続きで複数の単語や文節を使って表現できるようになる。2語文、3語文は、助詞や数詞などの文法の理解とともに発達していく。

📌 ことばの生活化

　3、4、5歳代はことばを生活のなかで自由に使い始める。このころ、語いがさらに増加し、構音、すなわち正しい発音ができるようになる。また会話能力やまとまった話をする語りの能力が発達する。他者との会話は、互いに暗黙の規則(村田、1990)を使いながら進める必要がある。たとえば、お互いに交代して話す、相手の話題と関連したことを話す、相手が理解できるように話す、などである。また、相手を見る、あいづちをうつ、質問する、なども会話を円滑に進めるうえで重要な要素である。会話の相手が母親や先生などの大人であれば、大人がこの規則を自然に使って子どもの発話を促したり補足したりする。子どもは、大人との経験や子ども同士の遊びのなかで、会話のスキルを習得していくと思われる。

　ここで3歳児と5歳児の会話の特徴を見てみよう。小坂(2001)によれば、3歳児のごっこ遊びにおける会話の特徴は、発話が少なく、手をさしだす、首を振る、指をさすなどの非言語的行動での意思伝達が多い。また会話場面での話者交代が少なく、一方が話すと相手は「うん」などの返事をするという単調な場面が多い。他方、5歳児のごっこ遊び(神谷・吉川、2011)では、子ども同士でテーマやストーリーに応じた役割を演じるという高度な遊びが見られた。その特徴は、まずある子どもが役割を宣言するとその役を最後までやりきっておしゃべりをする。ほかの子はそれに応じた別の役割を演じて会話が進む。役割宣言がない場合は、誰かが「ここは病院ね」などと場面を設定して他の子どもが対応する。またごっこ遊びのなかでは、他者の役割を理解しようとする会話もある。たとえば誰かが「ニャー」というと「ああ、ネコね」と相手の役

を理解して遊びが展開していく。しかし、ときには子ども同士の自己主張がぶつかって役の取り合いになり、相手の意図がわからずごっこ遊びが成立しない場合もあるという。

　幼児期は自分に向けることばの兆しも現れる（岡本、1991）。自分の行動をコントロールしていく働きを持つことばである。力を入れるときのヨイショというかけ声や、注射を我慢しようとして「イタクナイ、イタクナイ」と唱えて自分を支えようとすることばなどである。これはことばが自我機能とかかわりを持ちはじめることを示している。

📌 ことばの拡張期

　5、6歳は、発話の文節も多くなり、接続詞を用いた重文、複文などの長い会話も可能になる、言語機能の拡張期である。さらに文字を覚え始め、読み書きが始まる。漢語も使用するようになる。

　文字の読みに関する調査（島村・三神、1994）によると、年少児（平均4歳2か月）は、ひらがな71文字・特殊音節・助詞のうち、18.6字（26.2%）を読むことができる。年中児（平均5歳2か月）は49.7字（70.0%）、年長児（平均6歳2か月）は65.9字（92.8%）を読むことができる。子どもたちは、就学前には自然にほとんどのひらがなが読めるようになる。

　ただし、文字が読めることと文字のまとまりである単語の示す意味を理解する（読解する）ことは別のことである。高橋（2006）によれば、文字が意味を伴って理解されるのは、文字や単語に対して音韻的符号化に加えて聴覚的記銘、視覚的記銘（これらの記銘をワーキングメモリという）および意味的処理がなされる場合であり、5歳ごろに読みと意味処理が自動化されるようになる。そして、絵本の文字を拾い読みしたり、スラスラ読んでいるかのように暗記したストーリーを話したりする経験を重ねて、実際に読めるようになる。

　また、文字を書くことに興味を持ち、文字に似た模様を使って「おてがみごっこ」が盛んになるのもこの時期である（図4-1）。この時期は、子どもは文字を正しく書くことはできないが、書くという行為を楽しんでいるかのようである。

　小学校入学の頃から、子どもは文字を使って簡単なメッセージが書けるよう

になり、学校教育のなかで少しずつ文字による文章表現の能力を身につけていく。

図4-1 「おてがみごっこ」の例
左図：K児（4歳）からの絵カード。絵の上部に絵の"タイトル"らしい模様が描かれている。
右図：K児（4歳）からのおてがみ。メモ用紙の線上に文字のような模様が10行ぐらい描かれている。

児童期の言語発達

　児童期には本格的に母語の文法をマスターする。正しい発音（構音）、品詞の理解、文の意味理解が進み、また話し合いのなかで適切に発言できるようになる。学校教育や読書経験を通して、読解力や文章力も発達する。

　では読解力や文章力はどのようにして発達するのだろうか。高橋（2001）は、幼稚園年長から小学5年生までの子どもに対して読字数、語い量、短文の理解度、絵画ストループ効果（図4-2）などを調べて、文章の読解がどのように熟達していくか、また熟達の要因は何かを分析した。その結果、どの年齢の子どもも、文章を理解する能力と短期記憶および語い量が相関していること、学年が上がるにつれて語い量が増えて短文の理解力も高まることが示された。語い量が増えることは、文章理解にとって重要な要素であるといえる。

　一方、小学1年生の冬の段階では入学前に読みを習得した子どものほうが読むスピードも速く読解能力も高いが、小学3年生以降は入学前に読みを習得した子どもとそうでない子どもの読むスピードや読解力の差はなくなること、なども明らかになった。入学前教育の読み習得の優位性は、3年程度で消失するようだ。

図 4-2　絵画ストループ効果
＊ことばとは異なる色のついた色名単語に対して命名の反応が遅くなるとき、色の意味に干渉されていると解釈する。

4　書きことば

📌 話しことばとの違い

　岡本（1985）によれば、書きことばの特徴は、現実を離れた場面がテーマであること、状況ではなくことばの文脈が用いられること、不特定多数に向けたものであること、他者との相互交渉がなく自己設計によることなどである。そのため書くことの習得は子どもにとって「困難な仕事である」という。高橋・杉岡（1993）は小学生を対象に、書くことと話すことについて比較検討している。彼らは、小学2年生、4年生、6年生に短いビデオアニメを見せて、口頭で再生する場合と文字で書いて再生する場合の再生された要素数を比較した。その結果、図4-3に見るように、4年生までは口頭のほうが再生量は多く、両者の差がなくなるのは小学6年生であった。小学生にとって文章を書くことは口頭すなわち話すことよりも負担が大きいことがわかる。

　しかし、茂呂（1988）は、書字力の習熟や作文過程での助言などの相互作用があれば、書きことばの習得はそれほど困難ではないという立場をとっている。書きことばの習得の困難さは、教育環境や言語環境に依存する問題であると思われる。

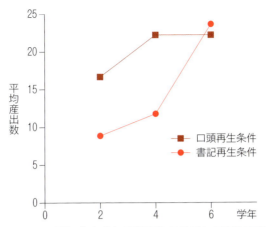

図4-3 口頭再生条件と書記再生条件ごとの平均産出数
出典:高橋・杉岡、1993

📌 書くことを学ぶ

　書くことの習得は「ことさら困難ではない」にしても、話しことばのように自然に習得されるものではない。学校などでの学習の積み重ねが必要である。

　石田・森(1985)は、1年生から6年生までの小学生206名を対象に作文の内容の発達的変化について調べている。作文のテーマは「わたしのすきなもの」で長さは原稿用紙2枚程度であった。作文の収集は学級担任に依頼した。書かれた作文に対して、4つの構成要素(主題・論述・描写・結び)からなる文章構造モデルを設定して分類し、それぞれの文章の出現率の学年による変化を検討した。主題とはテーマについての記述である。論述とは"なぜすきか"というような主題の説明、描写とは"どのようにすきか"という説明である。描写は、さらに会話文と内観文に分類された。

　分析の結果、主題文の出現率は学年とともに増加し、中学年にかけて著しく増加している。論述文は低学年から中学年にかけて増加し、それ以降は変化しなかった。描写のうち内観文は、低学年から中学年にかけて増加し、それ以降は減少した。結びの文の出現率はどの学年も60%程度であった。以上のように、作文の内容は小学校低学年から中学年にかけて発達し、中学年(8、9歳)が重要な時期であることが示唆された。

実際、教育現場では読み書き指導が工夫されている。秋田・石井（2005）によると岩辺泰吏氏は、小学3年生の説明文の課題において「友だち紹介」というテーマで作文を書くという指導を行っている。まず子どもたちに架空あるいは現実の友だちについて、いろいろな角度から十分に口頭で語らせる。そして作文にするときは、書きたいことを箇条書きにしてみる、全体的なことから書く、大きなことから小さなことへと書いていく、周りから中心へと書く、10個の文章を書くことを目標にする、最後に感想をつける、という5つのポイントに注目させる。そして書いたあとは順次みんなの前で「友だち紹介」をして、紹介の仕方（文章）のよいところを互いに評価しあう。ほかにも「じゃが友紹介」のための作文も指導している。これは、子どもが、ジャガイモを持ってきて特徴をよく観察して絵を描き、その横に紹介文を綴るというものである。この経験をした子どもたちは、ジャガイモから他のものへと書きたいテーマがどんどん広がっていったという。
　文を書くには適切な指導や練習が必要であることがわかる。

5　ことばを育てる

　ことばの獲得には、子どもの持っている潜在的な能力に加えて、大人のかかわりが大きく影響する。最後に、養育者や幼児期の保育者、児童期以降に出会う教師の接し方と子どものことばの発達について考える。

📌 養育者のことば

　子どもが1語文を話すとき、養育者は全くのおうむ返しではなく、1語の前後にことばを補って応答する。たとえば子どもが牛の絵を指しながら「モーモー」というと、養育者は「そうね、モーモーがいたね」とか「モーモーおおきいね」などと2語文、3語文で応答する。これは子どものことばの学習の直接的な手助けになる。
　村瀬ら（1998）は、18か月、21か月、24か月、27か月の乳児と母親の各10組を対象に、子どもと母親が絵を見て会話しているときのラベリング（命

第4章 言語活動の発達

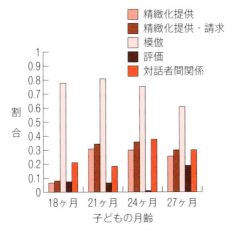

図4-4 子どもの命名後の母親の応答

	子ども		母親
模倣	：「ぞう」	→	「ぞう」
精緻化提供	：「ぞう」	→	「お鼻が長い」
精緻化請求	：「ぞう」	→	「何してる？」
評価	：「ぞう」	→	「よくわかった」
対話者間関係	：「ぞう」	→	「ねえ」

出典：村瀬、2008

名すること）とその文脈の発達的変化を調べた。その結果、18か月児は他の月齢の子どもより、母親の慣用ラベリング、たとえば「ぞうさんだ」ということばを模倣する形で「ぞう」という発話をすることが多かった。また、子どもの命名に対して母親はどのように応答するかを調べたところ、図4-4に示すように、21か月以降の子どもの母親は、精緻化提供・請求で応答することが増えることがわかった。21か月以降の子どもの母親は、それ以前の子どもの母親よりも、子どもの発話を広げるようなことばかけをしている。母親のことばかけは、子どもの月齢が高くなると、話題を展開させるように配慮しているという証拠である。母親は子どもの月齢に合わせたことばかけによって、子どもの発達を促しているかのような対応であった。

「ブックスタート」から読み聞かせへ

イギリス発祥の「ブックスタート」とは、子どもが生まれた家庭に絵本や子

育てに関する情報の入ったブックスタート・バックを渡し、親子が絵本を介して触れ合うことを勧める活動である。日本でも東京から始まり多くの自治体が取り入れており、乳児健診などに参加した親にこのバックが渡されるようになった。初めの一冊をきっかけに、母子と絵本との触れ合いが継続していくことを願っての活動である。

秋田・増田（2011）は、乳児期から幼児期に親子で楽しめる105冊の絵本をとりあげ、絵本が子育てのさまざまな局面で支えになるというエピソードを数多く紹介している。また、絵本を読むことの子どもの発達における意味についても解説している。

幼児教育では、保育者が絵本を読んで聞かせたり、ごっこ遊びの材料にしたりして、子どもが絵本に親しみ、物語の世界に興味や関心を高めるような保育が盛んである。実際、読み聞かせの効用はよく指摘される。クリーク（2003）はアメリカの子どもの観察データから、読み聞かせに参加する子どものほうが語いが豊かで、コミュニケーション能力も優れていることを実証している。

読書の影響

児童期以降に目を移そう。2015年6月時点で全国の80%以上の小中学校で「朝読」が行われている（朝の読書推進協議会、2015）。「朝読」とは、教室で一斉に10分程度の読書をすることである。「朝読」は本来の読書や読書教育とは一線を画するもので、「みんなでやる」「毎日やる」「好きな本でいい」「ただ読むだけ」という4つの原則がある。しかし、ことばに触れる活動としてその意義が知られるようになり、実際、「朝読」がスムーズに実施されている学校では、子どもたちに落ち着きなどの変化が見られ、語いの広がりが出てきたという。

読書量と語い量の増加が関連するという実証的な研究もある。高橋・中村（2009）は小学3年生から6年生を対象に、語い検査の結果と1か月に読んだ本の冊数および読書時間との関連を調べたところ、年齢と読書時間が語いの増加に関連していた（表4-2）。一方、猪原ら（2012）は小学1年生から6年生を対象に図書館で貸し出す冊数および読書時間と語い量、および文章理解力の関係を調べた。その結果、読書時間と語い量の関係は高橋らと同様の結果であっ

表 4-2 読書量と語いの相関関係

	読解課題	ATLAN語彙	読書量（時間）	読書量（冊数）	年齢
読解課題		.619**	.193	.032	.350**
ATLAN 語彙			.208**	−.097	.641**
読書量（時間）				.348**	.109
読書量（冊数）					−.257**
年齢					

** $p < .01$
出典：高橋・中村、2009

たが、読書冊数では小学1年生でも相関があった。つまり、貸出冊数を読書量の指標とすることで、小学1年生から読書と語い、文章理解力との関係が示されたという。なお、5、6年生で相関がないのは、高学年の読書は、図書館では借りないで購入するなどの別の読書行動にとって替わられたからであろうと推測している。

　以上のように、低学年から読書量が多いと語い量も多くなるといえる。また、語い量が多いほうが文の読解力が上がることは先に述べたとおりである。そこで、読書量⇒語い量⇒読解力⇒読書量……というような循環的な関係が明らかになったといえよう。

　大人の読書にまで視野を広げてみると、読書は、人間形成、自己形成、知識や世界観の形成と関連することは古くから知られている。斎藤（2009）はそれに加えて、読書によってコミュニケーション力や人間を理解する力が育まれることを多くの具体例をあげて説いている。とくに、大学生の間に、文庫本100冊、新書本50冊を読んで自分を鍛え、自分を広げることを提唱している。

　このことから、読書が、子どもから大人までの豊かなことばの構築にとって重要であることが浮かび上がってくる。

📖 これからの学習のための推薦図書

内田伸子　1999　発達心理学―ことばの獲得と教育　岩波書店

　幼児期から児童期のことばの発達、文章の発達について詳しいデータをもとに研究を紹介している。作文教育についても詳しい。

岡本夏木　1982　子どもとことば　岩波書店

　子どもはある時点に至らないとなぜ話しはじめないのか。ことば以前のコミュニケーションに注目し、どのようにことばが生み出され、そのことばが子どもの発達をどう方向づけるのかについて詳しく述べている。他者とともに生きるという人間の根源を問いかける書でもある。

河合隼雄　1987　子どもの宇宙　岩波書店

　臨床心理学の第一人者であった著者が、子どもの内面を広大な宇宙になぞらえて、その豊かで可能性に満ちた子どもの心の世界を探求する。手がかりとするのは、児童文学や心に悩みを抱えた子どもの症例である。数々の児童文学については臨床心理学的な視点から解釈がなされており、味わい深い。

　巻末に児童文学、児童書のリストがある。本書の出版年は古いが長年人々に読み継がれており、子どもにかかわろうとするすべての大人に読んでほしい一冊である。

第5章 社会性の発達

本章のポイント

　人の一生は対人関係から始まるといってもよい。そして対人関係はその後の子どもの心の成長にとっても不可欠な条件である。本章では、対人関係によって育てられる特性である社会性がどのように発達するのか、社会性を育てるものは何かについて考える。

1　社会性のいろいろな側面

📌 社会性の定義

　発達心理学辞典（岡本ら、1995）によれば、人がモノとの関係ではなく人との関係を持つことができることを社会性と呼ぶ。すなわち社会性とは、他者と共通の習慣や価値、態度、知識などの体系を身につけることである。具体的には、一定の社会のなかでのふるまい方、コミュニケーションのとり方、道徳的な場面での態度など多くの側面があり、これらの体系は年齢に応じて変化する。

　社会性とよく似た、社会化ということばがある。社会化とは、社会性が獲得されるプロセスのことである。また、社会化は個人が個性化していくプロセスと表裏一体となって発達する。人は社会化の過程で他者とは違う自己に気づき、自己像を形成していくと考えられるからである。

　社会性がどのくらい身についているかを調べるための方法として、社会的スキル尺度という質問紙調査がある。これは、コミュニケーション能力や自己調整力、思いやり行動などの多方面の社会性を行動レベルの質問項目でとらえるもので、Kiss-18（菊池、2007）がよく知られている。児童用に開発されたものもある。

📌 共感性と向社会的行動

　共感性とは他者の情緒反応を共有することである。ホフマン（2001）によれば、共感性は出生初期から見られ、新生児でも、隣の赤ちゃんの泣き声を聞いてまるで共感しているかのように泣き始める。2歳ごろには、他者の苦悩に対して関心を強く持ち、4、5歳には、物語やテレビに出てくる登場人物に共感できるようになる。児童期になると、他者のより複雑な状況、貧困や病気、心の傷つきやすさなどにも共感できるようになる。

　このような共感性が基盤となって向社会的行動が芽生える。向社会的行動とは、他者に対して、自分自身は直接の利益を得ないで援助的、共同的、譲歩的に振る舞うことである。親や教師は、普段から子どもに"親切"や"思いやり"の大切さを教えているが、向社会的行動は親切や思いやりを行動として表すことである。

📌 良　　心

　良心とは個人の善に対する道徳的な意識である。良心は、親の禁止や指示のなかで育まれる（村田、1990）。子どもは、親の「だめ！」「やめなさい！」という禁止を取り入れて、してはならない行為について学ぶ。そして、親のいないところでも「だめ」という内なる声を持つようになる。また、親から与えられた積極的な目標や価値にしたがって、「こうしたほうがよい」という理想の行為を知り、自分から不適切な行為を抑制するようになる。

　幼児が良心を持つとは、善悪についての社会的基準を内面化したともいえる。

📌 役 割 取 得

　自分の視点と他者の視点との関係性を理解することを役割取得という。役割取得能力は、他者との円滑なコミュニケーションにおいて重要になる。聞き手に自分の話を十分に理解してもらいたいときは、聞き手についてのさまざまな情報、すなわちその人が持っている知識、経験、理解度、関心度、などを念頭に置きながら話を進めなければならない。わかりやすい話し方とは、相手が自

分の話をどれぐらい理解できる状況にあるかという情報を考慮した話し方ということになる。

幼児が自己中心的な話し方をするのは、「相手は自分のことを完全に理解している」という誤った考えのもとに行動しているためで、役割取得が十分ではないことを示している。また、3、4歳の幼児には並行遊びが多いのも同じ理由からである。しかし、5歳前後になるとごっこ遊びが盛んになり、互いに異なる役割を持った共同的な遊びが豊かに展開されるようになる。これは、ごっこ遊びのなかの「お母さん」「赤ちゃん」などの互いの役割への理解が深まり、その事態に対処することができるようになるからである。

道徳性

道徳性は、善悪の判断や正義感に関する人間にとって最も重要なパーソナリティの一つである（ホフマン、2001）。幼児期には、叱られるから、罰せられるからという理由では道徳的な行動をすることができる。しかし、この時期はまだ自主的自発的な道徳性は形成されていない。

ピアジェ（フラベル、1963/1970より引用）は道徳的判断の実験において、道徳的ディレンマについての子どもの理解が年齢によって変化することを示した。ピアジェは、子どもに2つの物語についての判断を求めた。1つは、結果的に大きな損失をもたらすような悪いことをしてしまったジョンという子どもの話、2つ目は、悪いことを承知のうえであることを行い、それが小さな損失をもたらしたというヘンリーの物語である。ピアジェは、これを聞いた子どもに対して、「この2人は同じくらい悪いか」「どちらの子どもが悪いか」と質問した。その結果、6、7歳の子どもは、大きな損失を起こしたジョンのほうが悪いと考え、8、9歳の子どもは、悪いと知って小さな損失をもたらしたヘンリーが悪いと考えた。

このことからピアジェは、幼児は罪を損害の大小によって判断するが児童期になると行為者の意図を罪の基準にする、と結論づけた。その後多くの研究が行われ、とくにコールバーグ（1961/1987）の道徳判断の発達段階説は、ピアジェの説をより包括的、論理的に発展したものとしてよく知られている。

📌 コールバーグの道徳的判断

コールバーグは、7歳から16歳ごろまでの男子に質問することによって道徳的判断の発達変化を明らかにした。質問の例を示すと、「ある男の妻は病気で死にそうである。ある高価な薬で助かるが彼にはそのお金がない。その薬を売っている店の主人に事情を訴えても耳を貸さない。彼は薬を盗むべきだろうか」。このような質問の回答を分析して、道徳的判断は表5-1に示すように3つの水準、6つの段階を経て発達するという結論を示した。

前慣習的水準では、子どもは自己の利害を基準としており、罰を避けて報酬を手に入れることを善と考えている時期である。慣習的水準では、他者の承認を善悪の基準にする。後慣習的水準では、子どもは抽象的な道徳的価値と良心によって善悪を判断する。

3つの水準に対する実際の年齢分布は図5-1のようになった。これを見ると、7歳は前慣習的水準である。10歳になると、前慣習的水準の子どもは60％程度に減少し、残りは慣習的水準である。13歳以降は前慣習的水準の判断は非常に少なくなり、慣習的水準の子どもが60％に増える。また同時に後慣習的

表5-1　コールバーグの道徳的判断の発達段階

前慣習的水準 　子どもは自己の行動の結果に方向づけられている	段階1	苦痛と罰を避けるために、おとなの力に譲歩し、規則に従う
	段階2	報酬を手に入れ、愛情の返報を受けるような仕方で行動することによって、自己の欲求の満足を求める
慣習的水準 　子どもは他者の期待、および慣習的な仕方で行為することに方向づけられている	段階3	他者を喜ばせ他者を助けるために〈よく〉ふるまい、それによって承認を求める
	段階4	権威（親・教師・神）を尊重し、社会的秩序をそれ自身のために維持することにより、＜自己の義務を果たす＞ことを求める
後慣習的水準 　子どもは、さらに抽象的な道徳的価値と自己の良心に方向づけていく	段階5	他者の権利について考える、共同体の一般的福祉、および法と多数者の意志によりつくられた標準に従う義務を考える、公平な観察者により尊重される仕方で行為する
	段階6	実際の法や社会の規則を考えるだけでなく、正義についてみずから選んだ標準と、人間の尊厳性への尊重を考える、自己の良心から非難を受けないような仕方で行為する

出典：コールバーグ、1969/1987

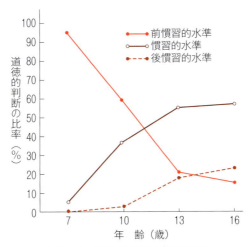

図5-1 道徳的判断の発達過程
出典：コールバーグ、1969/1987

水準も20％に増加する。このように、青年期初期には事態によっては抽象的な道徳的価値判断や良心が子どもの行動を方向づけるようになることがわかる。

この結果は、アメリカの子どもを対象にしたものであるが、メキシコや台湾でも同様の傾向が見られるという（村田、1990）。

📌 攻撃行動

他者をことばや行為によって傷つけることを攻撃行動という。攻撃行動は、進化論的には自己の遺伝子を残すために人間に備わった生まれつきの傾向といわれるが、人の持つ程度には強弱がある。攻撃行動は、社会化の過程で弱められたり逆に獲得されたりするものもある。

攻撃行動には、道具的攻撃行動と敵対的攻撃行動がある。道具的攻撃行動とは、ほしいものを獲得するときの行動であり、敵対的攻撃行動とは報復や支配形成の方法として相手を傷つけることである。発達的には、道具的攻撃行動が先に現れる。実験的研究では幼児期に頻繁に攻撃行動を示す子どもの特徴として、役割取得が不十分で、IQが平均以下の男児が多い。また経済的背景に問

題があり、その親は体罰を用いることが多い。また共感能力が低いという（村田、1990）。

2 社会性の発達過程

📌 乳 幼 児 期

　生後2、3か月の乳児は、人の目や顔を注視して微笑する。これを3か月スマイルという。また不機嫌に泣いている乳児が、養育者に抱き上げられたり声をかけられたりすると泣き止む。機嫌よく笑う。乳児はこのような社会的相互作用を繰り返し、特定の大人との間に愛着が形成される。愛着が形成されると、今度は見知らぬ人に対しては泣く、などの不安行動を示すようになる。これを8か月不安という。8か月不安は、自分にとって意味のある他者とそうでない他者を区別できていることを示している。

　幼児期は幼稚園や保育所に通い、子ども同士で遊びながら社会性を身につける。パーテン（1932）は2歳から5歳までの幼児の自由遊びを観察し、遊びの発達段階を示した。2歳半ごろまでは、1人遊びや個々に別の遊びをする並行遊びが多い。3歳から3歳半ごろは並行遊びと連合遊びが多い。連合遊びとは、同じ遊びをしながら会話をするが協力や役割分担などは見られない遊びである。4歳から4歳半ごろになると、並行遊びもするが連合遊びに加えて協同遊びが多くなる。協同遊びとは役割分担や協力関係が生まれる組織化された遊びである。幼児は遊びを通して、他者と協力すること、役割を果たすこと、仲良くすることなどを学ぶのである。

　幼児期後半には、我慢すべき場面では自己の欲求を制御できる自己抑制と自分の欲求や意志を明確に表現できる自己主張する力が身についてくる（第6章参照）。自己抑制と自己主張がバランスよく発揮されることで、子ども同士の人間関係は円滑に進んでいく。

📌 児 童 期

　小学3、4年生になると排他的な同性小集団による遊びが見られる。その遊

びは協同的な遊びが中心となるが、集団の仲間意識や目的意識が強くなると、他の集団に対して攻撃的になることもある。そこでこの頃をギャングエイジという。

　ギャングエイジの小集団は自然発生的で自発的に形成される。そして、リーダーとフォロワーの位置づけや役割、遊びの種類、遊び方なども子ども同士の相互作用のなかで決められる。このような集団遊びが楽しく継続していくためには、子ども同士が、自己抑制と自己主張をほどよく表現しあい、互いに認め合うことが肝要となる。自己抑制が強く、我慢をしすぎる子どもがいると、他の子どもからの攻撃やいじめをエスカレートさせることにつながる。逆に自己主張が強すぎる子どもがいれば、仲間意識の崩壊などにつながるだろう。

　児童期には、葛藤場面での対人交渉方略も発達する。セルマン（1990）は、児童が、対人葛藤場面でどれだけ相手のことを考慮した解決方法をとり、同時に自分の主張を通そうとするかについて観察や質問を行い、図5-2のように4段階の発達レベルがあることを示した。

　まず、対人交渉方略には「他者変換志向」と「自己変換志向」という2つの次元があるとして、自己と他者の両方の変化を考慮する。レベル0では、衝動的に自己の主張を通したり、相手の主張を通させたりする、自己と他者の関係が未分化なレベルである。レベル1は、自分の欲求を一方的にことばで主張したり、相手の欲求を通させたりするが主観的なレベルである。レベル2は、相手の視点もとるが、自分を優先させるか相手を優先させるかという二者択一的なレベル、レベル3はお互いにとってよい結果となる解決法を考えるレベルである。調査では、小学1年生ではレベル1の答えが多く、学年があがるとレベル2が多くなった。

　実際にセルマンは、レベル3の相互的方略、すなわち自己と他者の願望の両方を共同的に変化させられるようになることを子どもの発達課題としている。そして、友だちと親密になれない子どもや対人交渉方略が未熟な子どもに対して、ペア・セラピィという独自のセラピィを実践している。つまり、子どもをペアにしてカウンセラーが治療的アプローチを行うのである。

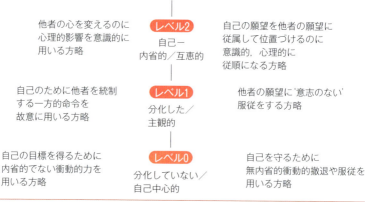

図5-2 対人交渉方略の発達レベル

出典:セルマン、1990

📌 青　年　期

　青年期は人格の再構築の時期であり、親子関係、教師との関係、友人関係などにおいて変化が大きい。親子関係では、親への依存的態度からの離脱、心理的離乳を果たす時期である。そして友人との信頼関係が深まる。悩みの相談相手や同一視の対象は、同性の友人となる。松井(1990)は友人関係が持つ意義を3つあげている。1つ目は、友人は相談相手になり、心理的安定をもたらすことである。2つ目は、他者とのかかわり方の学習の機会を提供することである。3つ目は、自分の理想像や自分を評価する基準を提供するという意義である。

　友人とのつき合い方にはいろいろなパターンがある。落合・佐藤(1996)は友人とのつき合い方の項目にどのくらい当てはまるかを回答させる方法で、「防衛」「全方向」「自己自信」「積極的相互理解」「同調」「被愛願望」という6つ

第5章　社会性の発達

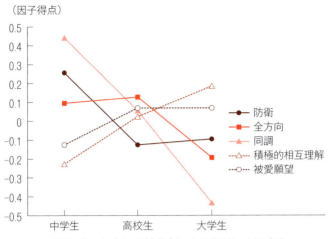

図5-3　友人との付き合い方の年齢による変化
注：因子得点は値が大きいほどその傾向が強いことを意味する
出典：落合・佐藤、1996

のパターンを見出した。そして、図5-3に示すように、6つのうち5つのパターンで中学生、高校生、大学生という学校段階での違いがあることがわかった。具体的には、「防衛」「全方向」「同調」というつきあい方は、学校段階が上がるにつれて減少した。逆に「積極的相互理解」や「被愛願望」は学年段階が上がるにつれて増加している。なお、「自己自信」というつき合い方のパターンには、学校段階の違いは見られなかったため図では割愛されている。

この図から中学生の友人関係は、同調的でみんなと同じように行動する傾向が強いといえよう。また防衛的で自分を出さない一方、誰とでも仲良くしようとする側面もあることがわかる。大学生になるとその傾向は減少し、友人関係は限定的、選択的となり特定の人とのつき合いが優勢となるようだ。

向社会性も青年期になると変化する。自分と他者の要求が葛藤する場面においても、「助けたら自分がほっとする」などの内面化された感情と「助ける義務がある」などの抽象的に内面化された感情を理由に向社会的判断を示す。

3　社会性の獲得と発達の要因

📌 模倣と観察学習

　社会性は、ひとつには子ども自身が自発的に親の行為を取り入れることによって獲得される。親は子どもにとって愛着の対象であるため、親のようになりたいというメカニズム、同一視が働く。そこで子どもは、親の行為すなわち、相手に笑顔で話す、何かもらったらお礼を言う、あいさつをする、お辞儀をする、他者に思いやりを示すという行為を自然に取り入れていく。そして、徐々に親以外の周りの人の社会的行為も取り入れ模倣するようになる。このように他者の行為を取り入れ模倣することを観察学習という。

　観察学習の実験では、子どもが同性の大人の乱暴な行為を模倣することや同輩の向社会的な行為を模倣することが知られている（村田、1990）。

📌 しつけと養育態度

　しつけとは、子どもが社会生活に適応できるよう基本的生活習慣や生活態度の基礎を身につけるよう、親が働きかけることである。親の養育態度とは、しつけはもちろんのこと、物事を教え、日頃どのようにことばをかけるか、どのように遊びの相手をするかなどの子どもへの対応の仕方全般を指す。子どもの社会性は、このようなしつけや養育を通して親から直接伝達される。

　親の養育態度にはさまざまなスタイルがある。バウムリンド（1967）の調査研究によれば、養育の仕方には表5-2ように3つのスタイルがあり、それぞれの親に育てられた子どもの社会的行動には違いが見られた。バウムリンドの結果から言えるのは、自己の欲求が効果的に満たされる子ども、すなわち支配的ではあるがコミュニケーションのある温かい親のもとで育った子どもは、自分のことばかり考えず、他者に対して敏感で適度の社会性があり独立心も育っていくようである。親の権威は、子どもに目的志向性を持たせ向上心を促す役目を果たすと考えられる。

　社会性の獲得にはきょうだい関係も影響するようだ。小学生の間はひとりっ

表5-2　親の養育スタイル

子育てのスタイル	実際の親の態度	子どもの社会的行動
権威主義的子育て (統制：高　温かさ：低)	・強く統制 ・子どもとの言語的コミュニケーションを行わない傾向 ・ときには子どもを拒否する	・社会的責任感は平均的 ・依存的
権威的子育て (統制：高　温かさ：高)	・かなり支配的 ・民主的方法、言語的コミュニケーションも行う	・社会的責任感が高い ・独立心がある
許容的子育て (統制：低　温かさ：低)	・ほとんど統制を行わない ・概して受容的	・社会的責任を果たさない ・ほどほどに独立する

出典：バウムリンド、1967より筆者作成

子よりきょうだいのある子どものほうが、社会的スキルの得点が高く、抑制的であるという調査もある（高橋、2009）。人との関係のなかで子どもの心が成長していく証であり、核家族やきょうだいの少ない家庭が増加する今日の養育においては、同年齢の子どもとの交流を大人たちが意図的に配慮していくことも必要であろう。

友人関係

先にも述べたように友達との関係は、子どもの社会性の発達や認知発達の要因である。友達との相互作用は、社会的情動的スキルやコンピテンス習得や、自尊感情を互いに確認するうえで重要な役割を持っている。子どもは、友人や仲間から受容され、人気があり、好かれていると自覚できる場合は、仲間との関係から社会的情動的スキルを容易に学習し、自尊感情も高まる。逆に、仲間と親密関係を持てず拒否されたりすると、友達との相互関係が貧弱となり社会的情動的スキルを学ぶ機会が減少する。時には孤立感を深め、不適応行動に至る。

文化的要因

ホワイティング夫妻（1975/1978）は、文化的状況が子どもの発達に影響を

表5-3 親の発達期待の日米比較

	学校関係スキル	従順	情緒的コントロール	礼儀	自立	社会的スキル	言語による自己主張
日本	1.24 (.26)	2.16 (.34) **	2.49 (.27) *	2.49 (.38) **	2.02 (.24)	1.89 (.31) **	1.73 (.48) **
アメリカ	1.36 (.43)	1.97 (.43)	2.30 (.49)	2.08 (.36)	1.86 (.17)	2.18 (.36)	2.17 (.36)

＊ $p < 0.05$、＊＊ $p < 0.01$　（　）内はSD
出典：東ら、1981

与える、という仮説を検証している。彼らは6つの文化（米国、インド、日本、フィリピン、メキシコ、ケニア）に属する子どもと親の社会的相互作用を記録し比較検討した。その結果は国ごとではなく、複雑性の低い社会と複雑性の高い社会、核家族と拡大家族という次元で分析された。複雑性の低い社会では母親の家事労働が多く、子どもにも家事労働が期待された。また子どもに有無を言わさず従わせようとする傾向があった。複雑性の高い社会ではその逆で、母親は家事労働にそれほど時間を取られず、子どもは自分自身のために時間を使うことができた。また、母親は子どもに寛容であった。ホワイティングらの研究は、文化的状況と子どもの発達に関する研究を再燃させるきっかけとして注目されている。

　次に育児文化について考えよう。柏木（1997）は、日本の子どもが米国の子どもよりMFFテスト（注）において早期熟慮型であるのは、日本の子どものほうが行動を抑制することができるからだと指摘する。そして、日本の子どものほうが抑制することができるのは、親の発達期待の結果（表5-3、東ら、1981）と呼応していると解釈している。すなわち、日本の親は子どもに、従順、情緒的コントロール、礼儀、という資質を期待している。米国の親は、社会的スキルや言語による自己主張を子どもに期待している。これは、日本の育児文化が、抑制や礼儀、他者との調和を求める傾向であり、米国は独立心や個の確立を重視する文化であるためであろう。そのことが日本の子どもの行動の抑制につながっているのである。

　それぞれの文化に内包されている行動規範や大人の期待が、子どもの行動を

特徴づける要因であると考えられる。

4　社会性と不適応行動

📌 いじめと社会性

　クラスでのいじめやインターネットによるいじめはあとを絶たない。平成24年度上半期だけで14万4,054件のいじめ（の認知）があった（内閣府、2015）。中学1、2年生が全体の4割を占めており、いじめの態様としては、「いやなことをされる、いわれる」「仲間外れにされる」などの人間関係によるものが最も多い（図5-4）。

　原田（2008）によれば、いじめる側の子どもは、不満をぶつけたい、遊び感覚で楽しみたい、強くなった気分を味わいたい、仕返ししたいなどの心理的傾向を持ち、もともと攻撃的傾向の素地をもつ子どもが多い。いじめに走る子どもは、自分の欲求を発散するだけのそのような行為が、他者にどういう影響を

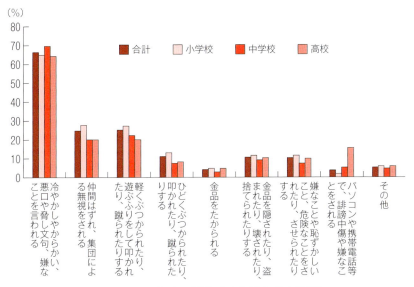

図5-4　いじめの態様（平成24年度上半期）

出典：内閣府資料（2015）より筆者作成

与えるかという相手への配慮や想像力、すなわち対人関係能力や共感する能力が乏しい状態であることがわかる。

　いじめる子どもには、これまで述べてきた共感性、役割取得、道徳性、向社会的行動などの社会的な能力を身につける訓練を、なんらかの方法で与えていくことや、家庭における親子関係の見直しなども必要である。社会的スキルの訓練：SST（ソーシャルスキルトレーニング、渡辺、1996）も一つの方法である。SSTでは、年齢や個性に応じて、他者への共感の仕方、コミュニケーションのとり方、遊び方などを体験させ、体験を通して社会的な行動の改善を図る。実際、訓練によって子どもが自尊心や自己肯定感を高めるという報告もある。いじめをなくす一つの方法として期待できよう。

　いじめられる子どもは、自尊心を砕かれ、孤立することも多く、いじめによって生きる力を阻害されて死にいたることもある。彼らは、自発的に窮状を主張できず、必要以上に我慢する、といった異常な精神状態に陥ってしまうからである。いじめられる子どもにならないためには、常日頃から健全なバランスの

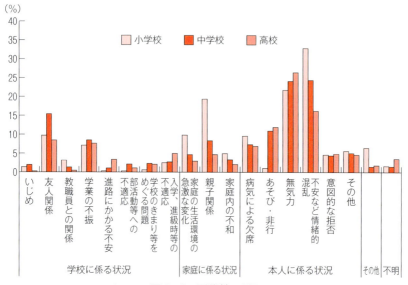

図5-5　不登校の原因

出典：内閣府、2015

取れた社会性の発達、対人関係を構築できるような大人の配慮が望まれる。

不登校

　平成 23 年度の不登校数は、小学校 2 万 2,622 名、中学校 9 万 4,836 名、高等学校 2 万 6,292 名であり、とくに中学 2、3 年生が多くなっている（内閣府、2015）。全体としては 1990 年代より増加してはいない。

　不登校の原因には、無気力型、遊び・非行型、人間関係型、複合型、その他の 5 つのタイプがある（文部科学省、2015）。内閣府の資料（図 5-5）を全体的に見ると、不安などの情緒的混乱や無気力による不登校が最も多い。次いであそび・非行や人間関係、とくに小学生では親子関係、中学生では友人関係が不登校の原因になっている。親子の良好な関係や楽しい友人関係があれば不登校の事態は避けられるということである。社会性の発達は、子どもたちが登校するためにも不可欠である。

　不登校が克服されないまま時が立つと、学ぶ場を失い就労に至らず、社会的引きこもり状態になってしまい、ますます社会からの孤立度が深まる。親や教師は不登校児の支援についてどのような方法があるかを考え、対応しなければならない。

【注】　MFF テストとは 5 つの図形群から見本図形と同じモノを選ぶ課題で、潜時と誤答数から認知のスタイルすなわち熟慮型、衝動型を判別するもの。端的にいうと、潜時が長くて正解に到達するタイプを熟慮型と呼び、すぐ反応するが誤答である場合を衝動型と呼ぶ。

これからの学習のための推薦図書

渡辺弥生　伊藤順子　杉村伸一郎（編）　2008　原著で学ぶ社会性の発達　ナカニシヤ出版
　　社会性の発達の研究はどのように発展してきたのかについて、道徳性、向社会的行動、親子関係、友人関係、教師との関係などに関する論文を通してわかりやすく解説している。

井上健治　久保ゆかり　1997　子どもの社会的発達　東京大学出版会
　　子どもの対人関係を中心とする社会的側面の発達に焦点を当てて、さまざまな研究者が

基本的な問題に関する研究をわかりやすく解説している。社会性について理論的にもっと知りたい人に最適である。

原田正文　2007　不登校・キレ・いじめ・学級崩壊はなぜ―小学生の心が見える本　農山漁村文化協会

　精神科医である著者が見てきた子どもや親、学校の実態を踏まえて、子どもの社会性や心の悩みに関する諸問題の背景を分析し、解説している。また実際に、こんな子にはどう接したらよいかを大人に具体的に教えてくれる。

第6章　自己意識の発達

> **本章のポイント**
>
> 自分について一番知っているのは自分である、というのは本当だろうか。いつから自分を意識し始め、その意識は発達とともにどう変化するのだろうか。また、自己の意識や概念化はどのような形で子どもの行動に影響を与えるのだろうか。本章では、自己のとらえ方の変化や自己形成の背景について考える。

1　自己のとらえ方

自己認知の芽生え

　ワロン（1936/1983）は、自分の鏡像に対する乳児の行動、たとえば自分の像を見て後ろを振り向いたり鏡の裏に関心を示したりする行動の変化から、乳児は2歳ごろまでには自己を認知することを示した。ルージュ実験、すなわち乳児の鼻に赤色をつけて、乳児が鏡のなかの自分の像にどう反応するかを調べる実験では、生後8、9か月ごろには自分の鼻を触ることから、乳児は自己を認知しているといわれる。

　名前を呼ばれたときの反応からもほぼ2歳までに自己を認知していることがわかる。植村（1979）によると、1歳半ごろには自分の名前を言えるようになり、1歳8か月には自分の名前を呼ばれて「ハイ」と返事ができるようになる。また、このころは、自分のことを「○○ちゃん」と他者から呼ばれた言い方で表現するが、2歳半ごろには自分について「わたし、ぼく」が使えるようになる。

自己に関する知識

　幼児に「あなたはどんな人？」「自分のことを教えて」と質問しても、自分

表6-1 自己概念インタビューの10のカテゴリーと項目例

次 元	記述（高）	記述（低）
達 成	私はいつも難しいことをするのが好きだ	私はいつも簡単なことをするのが好きだ
攻 撃	怒ったときには、人のことをたたきたくなる	怒ったときには、おとなしくなる
疎 外	私に何かあっても誰も気にしてくれない	私に何かあったらみんな気にしてくれる
危機回避	私はすごく高いところには登らない	私はとても高いところにも登る
コントロール	色を塗るときには、はみださないようにする	色を塗るとき、はみだしても平気だ
社交性	1人でいるよりもみんなでいるほうが楽しい	みんなといるよりも1人でいるほうが楽しい
社会的能力	友だちに命令する	友だちが私に命令する
ストレスに対する反応	よくカッとなる	滅多にカッとならない
服 従	お母さんや先生のいうことをよく聞く	お母さんや先生のいうことを聞かないこともある
幸 福	私は私が好きだ	時々私は私が嫌いだ

出典：エダー、1990、高井、2003

について多くは表現しないが、表現しない子どもは自己概念を持っていないとはいえない。そこでエダー（1990）は、2つの人形を用いて、「あなたはどっちの人形と同じ？」と問う方法で3歳半から7歳半までの自己概念を調べている（表6-1）。その結果、子どもは、達成、攻撃、疎外、社交性、服従、などを含む10カテゴリー計50項目の自分の特徴を示す質問について一貫した答え方をすることがわかった。このことから、子どもは3歳半までには、「自分はこういうものだ」という知識・信念を持つようになると考えられている。

📌 児童期からの自己認識

守屋（1982）は、生活感情を表した作文を手がかりに小学生の自己認識を調べた。中学年から高学年にかけての記述の特徴は、①自己の感情を突き放して

眺め自己を洞察する、②自己を客体化して自己を批判の対象としてとらえる、③自己の客体化により不快な感情を生む行動を反省し改めようとする、などの点があげられるという。

遠藤（1981）は小学5年生、中学1年生、3年生に「私」についての記述を求めて分析した。それによると、小学生は自己の外面的特徴や能力といったものの記述が多いが、中学生になると性格や自己評価などの内面的な特徴を記述することが多くなる。自己認識が年齢に伴い内面化していくことがわかる。

また小学生以降はことばによる行動調整力が発達し、ある場面で「親切な人ね」などの性格特徴を表すラベルが使われると、ほかの場面でもその行動特徴が持続するという（グラセックら、1980）。このことから、他者のことばが、自己の内界を作る役割を果たしていると考えられている。

青年期になると、自己のとらえ方がより抽象的になり、複雑で分化した理解の仕方をする。また青年期の自己像はしばしば内的矛盾をはらんでいるが、いろいろな経験を経て統合した自己像を形成していく。

セルフ・ハンディキャッピング

自己評価を守るための自己呈示として、セルフ・ハンディキャッピングという行為がある。これは、ある課題を遂行する際に、その遂行結果の評価的な意味をあいまいにするために、課題遂行の妨害となる障害を自ら作り出す行為のことをいう。たとえば、徒競走の最終コーナーで、一着になれそうにないことがわかるとわざと転んでしまう、というような行為である。

この行為は、課題遂行に失敗したのはある障害のためであって、自己の能力の欠如のためではないことを示すことを目的としている。重要な課題遂行に関して成功の確信が持てない場合に出現しやすく、自己評価を守る（本当はできる自分を守る）ためのものである。

セルフ・ハンディキャッピングの実験では、アメリカの子どもの例であるが、小学6年生の自尊心の高いグループにその傾向が見られた（高井、2001）。自尊心の低いグループや低学年にはセルフ・ハンディキャッピングは見られないことから、年齢が上がるにつれて自己をどのように提示していくか、あるいは

どのように見られたいかという意識が明確になってくると考えられる。

📌 自我同一性

　思春期の身体的変化を契機として、「自我」すなわち自分という主体の存在に改めて気づくようになる。自分を見つめる自分というものを意識するようになるのである。エリクソンは、このような青年期の自我の発達傾向について自我同一性という概念で説明していることは先に述べたとおりである（第2章第2節）。

2　自己調整機能

📌 自己主張と自己抑制

　子ども同士の関係においては、自分の欲求を抑制する自己抑制と自分の欲求を主張して実現しようとする自己主張という、対照的な2次元の自己調整が必要になる。柏木（1988）によると、この2次元は、図6-1に示すように異なった年齢変化が見られる。自己抑制の次元は年齢により上昇し、とくに女児の得点が高い。自己主張の次元は幼児期前半では著しく上昇するが4歳半くらいか

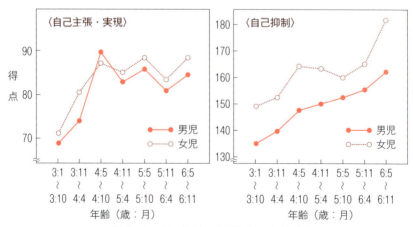

図6-1　自己抑制と自己調整の年齢変化

出典：柏木、1988

ら多少上下しながら停滞する。このような発達傾向の違いについては、子どもの仲間関係においては自己抑制の次元のほうが獲得しやすいためではないかと解釈している。また、母親の発達期待も影響していると思われる。親は、子どもには自己主張よりも自己抑制を早く身につけさせることを期待して子どもに接している場合が多いからである。

　小学生においてもよく似た結果が出ている。中田ら（2000）は、小学3年生から6年生までの自己抑制の発達について調査し、抑制と似た許容性は女子が男子より高いこと、主張性に似た自己開示という特性は学年とともに低下していることを明らかにした。

　柏木および中田らの研究から推測すると、自己抑制的な傾向は幼児期から一貫して強められ、特に女子に顕著である。一方、自己主張的な傾向は、年齢とともに下がる傾向にあると考えられる。

基本的生活習慣と自己統制

　赤澤ら（2013）は小学生の基本的生活習慣が自己統制や向社会的行動に及ぼす影響を調べている。その結果、どの学年においても、挨拶をすること、朝食をとることなどの基本的生活習慣が身についている子どものほうが、自己抑制、自己主張の得点が高かった。睡眠時間については、低学年において同様の結果が見られた。

　生活習慣は行動レベルの問題のように思われるが、その習慣化においては、自制心や耐久心などの心のコントロールが媒介となっており、行動上の習慣形成と精神発達の密接な関係が浮かび上がってくる。

欧米の子どもとの比較

　佐藤（2001）は、自己抑制と自己主張の発達を文化比較的視点から調査し、イギリスとの差異について論じている。遊び場面、たとえば順番待ちや自分のものを壊された場合の自己抑制については、日本の子どものほうが抑制する傾向が高かった。一方、モノを取り上げられた時に「いやだ」と主張する傾向は日本の子どものほうが低かった。ただし、ごっこ遊びでやりたい役割を主張す

る傾向は日本の子どものほうが高かった。このような日本の子どもの結果は、協調性や従順さを美徳とする日本の育児観、価値観を反映しており、イギリスの子どもの抑制の低さ、主張性の高さは、自分の考えを表明することを重んじるイギリスの育児文化を反映している、と考察している。

　日本の子どもの自己抑制の発達は賞賛されているが、子どもにとってはマイナス面もある。自己抑制が過ぎれば没個性的になってしまう。遊び相手や話し相手に、自分の気持ちを「いやだ」「こうしてほしい」と表明しないで抑制することは、我慢し続けることになり、「キレる」ことにつながりかねない。子どもは対人関係のなかで、抑制と主張をバランスよく表明したり行動したりできるよう育てることが肝要と思われる。

3　自己を形成する要因

養育態度

　親の養育態度が子どもの社会性や独立心の形成に影響することは先に述べた（第5章）。養育と自己形成の関係についてわが国のデータを見てみよう。

　菅原ら（2006）は、親の養育態度が子どもの自尊感情に与える影響について検討している。菅原らは大学生に回想してもらう形で、児童期の親の養育態度と現時点の自尊心や対人不安との関係を調べたところ、養育態度としては、過保護―期待型と厳格―拒否型が見出された。自尊感情と正の相関があったのは過保護―期待型で、厳格―拒否型は対人不安と関連があった。児童期の愛情豊かで子どもへの期待が大きいという親の養育態度は、青年期の自尊心の形成に影響があるという結果である。

　また、姜ら（2006）は、子どもの認知する親の養育態度を質問紙で調査し、子どもの学校適応との関係を分析している。その結果、親の受容的な態度と授業への適応や自己肯定感との間に正の相関が見出された。つまり、子どもの話に耳を傾け、子どもの心情に寄り添うような親の態度は、子どもの自己観を肯定的にしていくということである。

📌 人とのかかわり

　子どもは親や友だちに同一視することで、自分の態度や考え方の基本形ができあがる。集団で活動することで、家庭やグループの規範を受け入れ求められる役割を果たしながら、他者とは違う自己が形作られる。また人とかかわることで、優越感や劣等感を味わい、自分の位置を確保していくことになり、自己形成に他者の存在は欠かせないものである。

📌 他者からの評価

　成功したときに他者が「よくできたね」とほめてくれることでポジティブな自己意識が作られ、失敗して「できない子ね」と他者に評価されることでネガティブな自己意識が作られる。

　フェスティンガー（1954/1965）は、人は自分の能力や態度が妥当なものかどうかを評価する欲求を持っており、判断基準がないときは、他者との比較によってその妥当性を評価する、と述べている。子どもも自分の行動を他の子どもと比較して、自分は○○ちゃんよりも上手に自転車に乗れる、などの自己評価を持つということである。

📌 教育文化・育児文化

　日本の教育文化・育児文化は、親や教師を通して子どもの自己形成に影響を与えている。日本では幼児期から協調性や集団志向性に価値を置いた育児が行われ、我慢、努力、規範、秩序などが大切であると教えられる。学校文化も同様の志向性を持っている。

　日本の子どもは、相対的に集団志向的で課題志向的であり、自己の欲求に対して抑制的に行動することは先にも述べた。そのため子どもは知的課題状況での達成度が高くなり、社会の生産性の向上につながるような成長を遂げてきたということもできる。

　一方でこのような風土では、自由な探索や独創的な行動を好む子どもの個性や能力は置き去りにされる。学校文化になじまず、親や教師の志向性に同調で

きないもしくは期待に応えられない子どもは、時には逸脱行動や不適応行動を示すことがある。

　最近では、個性の尊重や個に応じた教育への関心も高まっている。協調性や集団志向性が日本の子どもたちに伝えられる時代は変化を余儀なくされるかもしれない。

📌 文化的自己観

　文化的自己観とは、文化のなかで歴史的に作られた、個人が暗黙のうちに持っている自己についての観念である（北山、1994）。北米の中流家庭では、自己とは他の人とは切り離された実態であり、能力、才能、性格などの主体の持つさまざまな属性によって定義されていると考える「相互独立的自己観」が優勢である。日本では自己とは他の人や周囲と結びついて社会を構成するものであり、その関係のなかでの属性が自己を定義すると考える「相互協調的自己観」が優勢である。

　金子ら（2001）は日米の大学生に、「あなたは誰ですか？」と20回繰り返し質問して回答を得る「20の陳述テスト」を用いて、この自己観を比較検討した。回答を行う状況を、①単独で答える、②一人の友人が質問する同級生条件、③20人以上の集団場面で答える集団条件、④教員の質問に答える教員条件、の4つを設定した。その結果、アメリカの学生は日本の学生に比べて「私は親切だ」などの心理的属性で答え、日本の学生は、ネガティブに記述することが多かった。これは文化的自己観の差異を反映していると考えられる。また回答の状況に関しては、日本の学生は同級生条件で多くの種類の回答があり、内容は即物的（○○を買ったなど）であった。また同級生と教員条件では、関係性の属性（○○に所属している）についての回答が多かった。日本の大学生は、回答を行う状況の影響を受けやすいことが示された。

第6章　自己意識の発達

📖 これからの学習のための推薦図書

柏木惠子　2015　新装版 子どもの「自己」の発達　東京大学出版会

　1983年に出版された同名書の新装版である。子どもが自己をどのように発見してどのように認識していくのか、自己制御機能とはどのようなものかについて実証的研究をもとに解説している。また、自己の形成要因となる育児文化、教育風土などについても詳しく論じている。

梶田叡一　1996　〈自己〉を育てる―真の主体性の確立　金子書房

　子どもが自己意識や自己概念を持つことが、豊かな内面世界と個性を育て、主体性や生きる力などの原動力になることを、研究成果を示しながら説いている。また、個性を育てるための教育活動について提言しており、著者は、教育実践家にこそ読んでほしいと述べている。

佐藤淑子　2009　日本の子どもと自尊心―自己主張をどう育むか　中公新書

　日本の子どもは自己抑制が高く自己主張が低い、という柏木惠子の研究（1983ほか）を受けて、海外の子どもと日本の子どもの自尊心や自己主張の発達の違いをわかりやすく解説している。そして、日本の子どもにとって必要な自己主張とその育て方を提案している。

第7章　発達と教育

> **本章のポイント**
>
> 教育は人々が高度な情報化社会を維持し、発展させるために不可欠であるが、教育はいったい子どもの発達とどのような関係があるのだろうか。最後の章では、発達と教育は相互にどのように影響しあっているのかについて概説する。また、さまざまな個性を持った子ども、障害のある子どもの教育についても考えたい。

1　発達と教育の相互作用

発達と教育

　発達とは、子どもが他者との相互作用のなか、自分とは異なるものの見方に気づき、葛藤を体験して、新たな行動様式を身につけていくことである。また、発達には身体発達、知的発達、言語発達、社会性の発達、自我発達などのさまざまな側面があり、これらは相互に関連しながら展開していく。これらの発達には順序性や発達段階があることもこれまでの章で見てきた。

　発達には適切な環境や周りからの働きかけが不可欠であるが、その働きかけは、日常生活のなかの遊びや親子関係、同輩との関係のなかに埋め込まれている。子どもはいつの間にか、認知や言語の世界を広げたり深めたりして発達していく。

　しかし、教育は、教育基本法や学習指導要領のような法律を基盤とした、明確な目的を持った活動である。教育は、学校における授業を中心として、教師と児童・生徒によって構成された集団のなかで組織的に営まれる。各学年には達成目標があり、到達できたかどうかを評価することも教育の一つの使命であ

る。

　発達と教育は、子どもの成長という意味を内包しているという共通点があるが、プロセスや到達目標については大きな違いがある。

発達における教育の役割

　発達における教育の役割を明確に示したのはヴィゴツキーである。彼によれば教育とは、発達の最近接領域（第2章）を見出してその指導を通して発達を導くことである。教育は子どもの発達をひきだす積極的な活動であると位置づけている。では具体的にはどのような方法があるのだろうか。

　大きく分けて2つの方法が考えられる。ひとつは、子どもが自発的に環境とやり取りして知識を獲得できるよう、環境を整える方法である。そのためには大人は、子どもが学習意欲をもって活動するよう学習材料を準備したりモデルを示したりすることが必要である。このとき大人は、直接指示したり教え込むのではなく、励ましたりフィードバックを与える程度とする。このような状況においては、子ども同士の協同的な学習も生まれやすい。

　一方、なんらかの理由から子ども自身に内発的あるいは自発的な学習意欲が見られないときは、教育する側からの積極的な援助が必要となる。いわゆる教え込みに近い教師主導型の教授方法である。教師主導型にも一斉授業だけでなく、教授内容をプログラム化して提示するプログラム学習やスモールステップによる完全習得学習（ブルーム、1971/1973）などがある。

　どのような教授法であっても、子どもが学習に意欲的に取り組むためには、教師は子どものレディネス（次項参照）を把握する必要がある。レディネスに沿った教育が成功したとき、子どもは認知の世界をステップアップし、発達したことになる。教育と発達は相互に影響しあう、とはこのような意味である。

　以上のように発達を促す教育の重要性は明白であるが、その方法論にはさまざまな議論がある。個性を持つ子どもに状況や発達段階に応じた教育方法を見つけ出すことが教育関係者にとって急務である。

2　人生の移行期としての学校接続

移行期とは

　人生には、家庭から幼稚園（保育園）へ、幼稚園から小学校へ、小学校から中学校、高等学校、大学へ、そして社会へ、などの多くの移行がある。それぞれの移行期には固有の発達課題があるといわれる（山本・ワップナー、1991）。

　たとえば、慣れ親しんだ幼稚園の生活様式や家庭教育の文化から新しい生活様式・教育的文化を持つ小学校への移行は、子どもにとって大きな負担であり、不安や困難が予想される。スムーズな移行には細かな配慮が求められる。その後の移行期も同様である。

　最近わが国では、幼稚園から小学校、小学校から中学校への移行を学校接続としてとらえ、その問題点が注目されるようになった。2008（平成20）年の文部科学省中央教育審議会の答申においても、学習指導要領の改訂に関連して次のように述べられている。

　「それぞれの学校段階では、その役割をしっかり果たすことが何より重要だが…（中略）…それに加えて学校段階間の円滑な接続に留意する必要がある。」

　そこで以下では、幼稚園・保育園と小学校、小学校と中学校の接続における課題について考えよう。

「小1プロブレム」

　小学校に入学した児童が、授業中に歩き回る、先生の話を聴けない、集団行動がとれないといった学級崩壊のような状況が数か月続くことを「小1プロブレム」という。ある調査では2割程度の学級でこの問題が起こっている（和田、2011）。100年以上のわが国の小学校教育の歴史の中では見られなかった新しい現象であり、その原因の解明や対策が検討されるようになっている。

　小1プロブレムの原因は複雑であるが、おもに、幼児教育と小学校教育のギャップが大きいこと、および少子化や情報化などの社会的状況の変化による子どもや親の変化、という2つがあげられる。

表 7-1　幼稚園と小学校の違い

	幼稚園（保育園）	小学校
教育のねらい・目標	方向目標 「～を味わう」などの方向付けを重視	達成目標 「～ができるようにする」などの到達目標を重視
教育課程	経験カリキュラム （一人ひとりの生活や経験を重視）	教科カリキュラム （学問の体系を重視）
教育方法	個人・友だち・小集団 遊びを通した総合的な指導 環境を通じて幼児の活動を方向づける	学級・学年 教科等の目標・内容に沿って選択された教材によって教育が展開

出典：東京学芸大学研究プロジェクト、2010

　まず幼児教育と小学校教育のギャップを簡単に示したのが表7－1である。両者は教育のねらいも方法も全く異なる。幼稚園は遊びや体験をとおして、子ども一人ひとりの活動を重視しながら進められる。小学校では到達目標を目指して、活動よりもことばを媒介にしてクラス単位で学習が進められることが多い。他にも、1人の教師が担当する子どもの数の違いもギャップの一つといえるだろう。

　2つ目の子どもや親の変化について述べよう。東京学芸大学の小1プロブレム研究プロジェクトのアンケート調査によると（東京学芸大学、2010）、幼稚園、保育園、小学校の教職員の7割以上が、今の子どもの特徴として、他の子どもとコミュニケーションがとれない、片づけができない、お稽古事が多い、夜型の生活をしている、自己中心的であると認め、親のしつけの不在を実感している。また、同じく7割以上の教職員が、親は、食生活に無頓着、子どもをしっかり遊ばせていない、単身家庭が増えた、モラルが低下している、過保護、基本的生活習慣の配慮が弱い、と感じている。

　このような結果を見ると、多くの幼児には小学校へのレディネスが十分形成されているとはいえず、入学までの家庭教育や社会的環境に課題があるといえよう。

　ただし、親に対するアンケートでは、親はしつけのなかで挨拶や行儀をもっとも重視しており、人に迷惑をかけない、思いやりを持つなどにも価値を置い

ていることがわかっている。

　このような背景を持つ子どもたちを、落ち着いて教師の話を聞き、興味を持って学習に取り組むよう導くにはどうしたらよいのだろうか。

　小1プロブレムの解決策として、多くの幼稚園と小学校では相互交流が行われるようになったが、十分な解決には至っていない。そうした中で、幼稚園と小学校の双方が教育課程の編成にまで踏み込んで改善していこうという動きがある。たとえば、お茶の水女子大学附属幼稚園と附属小学校は、5歳児クラス後半から小学1年生の1学期を接続期ととらえて、この間を3期に分けるという独自のカリキュラムを考案している。5歳児クラスの最後の3か月は、接続初期（入学への助走期間）として生活リズムなどに配慮する。また接続中期の小学校入学からゴールデンウィークまでは、幼稚園生活の流れに近い形での時間枠を設定し、子どもが主体的に選べる活動を提示するなどの配慮を盛り込んでいる（東京学芸大学、前出）。

　これは、幼稚園と小学校が密接な協力関係を持たなければ実現しないカリキュラムであるが、有効な対策の一つであろう。

「中1ギャップ」

　「中学校の入学に伴う学習環境や生活環境の変化によって生ずるさまざまな課題」を中1ギャップと呼ぶ場合がある。

　中学校では学習指導は教科担任制で進められ、生徒指導面では校則が多くなる。また上級生との交流や部活動などの新たな人間関係が始まる。このような新しい環境のなかにスムーズに移行していくためには、生徒自身の児童期からの心身の健康や学習到達度、あるいは中学校入学への積極的な姿勢が必要となる。

　受け入れる中学校では、小学校時代の生徒の学習面や生活面の状況を把握し、その情報を教職員が共有することが求められる。教職員は入学当初は移行期であることに十分配慮し、親と連携しながら生徒の成長を見守る必要がある。このような条件が整えば、小学校と中学校のギャップは誰もが乗り越えることができるだろう。

実際、現時点では、小1プロブレムのような問題が中学校入学時に起きているわけではない。一部に中学1年生では不登校が増える、いじめが増えるという言説があるが、これには異論も多く、「中1」を問題視するのは適切ではないとされる（国立教育政策研究所、2014）。

そこで、中1ギャップとは、小学校からの学校接続において、子どもが乗り越えるべき課題を指摘することばと考えておきたい。

3 教科学習と発達

📌 教科学習のレディネス

レディネスとは準備状態のことである。教科学習にはさまざまなレディネスが必要である（丸山、1999）。初期の国語学習のレディネスといえば、話しことばによる理解力、表現力、音韻分解、音韻抽出、書字のための空間把握力、視覚運動統合力などがあげられる。算数であれば、数唱、計数、概括（全体数の把握）、抽出などの操作ができること、保存概念が形成されていることなどである。そしてどの教科の学習においても学習意欲は不可欠なレディネスであり、これらを土台にして教科の学習は進められている。

📌 素朴概念

レディネスは教科学習にとって積極的な役割を果たすが、子どもは反対に教科学習を妨げる働きを持つ素朴概念と呼ばれる知識をもっていることが多い。素朴概念とは、子どもが日常生活で獲得していく科学的に精緻化されていない知識のことである。理科の学習の目的の一つは、この素朴概念を修正して、子どもに正しい科学的概念を身につけさせることである。

📌 素朴概念の修正

小学5年生の理科「ものの溶け方」についての授業研究から、子どもの素朴概念が修正されていく様子を見てみよう（三木ほか、2008）。小学5年生のほとんどは、「水に入れた粉はよくかき混ぜたり、温度を高くしたりすると溶ける」

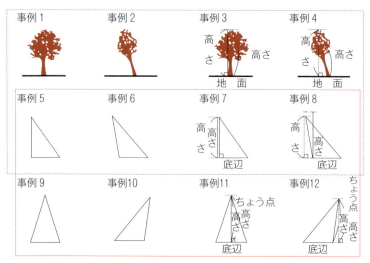

図 7-1　教授1・2で用いた呈示事例

出典：高垣、2001

という素朴概念を持っていた。そこで、素朴概念どおりに溶ける「粉ジュース」と温度を高くしても溶けない「塩味スープ」を用いて、子どもに仮説を立てさせて実験し、話し合うなどの授業を12時間行った。そして話し合いの内容や過程、子どもの最終的な理解などを測定して分析した。

その結果、子どもたちは、温度を高くしても溶けない物質があり、ものの溶け方は物質によって違うということを理解し、素朴概念は修正された。また、学習の過程では友だちや先生の話をよく聞き、考えること、などのメタ認知の変化も見られた。

素朴概念は他の分野にも見られる。子どもは、腰の曲がった人の背の高さや傾いた家の高さについて誤った高さの素朴概念を持っており、そのため、算数で扱う「高さ」の概念の正しい理解が妨げられているという（高垣、2001）。そこで高垣は、小学生を対象に、身長計の測り方をもとにしていろいろな三角形に当てはめさせるという授業を実施した（図7-1）。その結果、一部の小学生の素朴概念が修正された。このような事例から、授業と子どもの概念の発達との密接な関係が理解されるだろう。

4 教師の役割

📌 ピグマリオン効果

　教師の期待が子どもの学校での行動に影響を与えることをピグマリオン効果という（村田、1990）。これを調べた手続きとは次のような方法であった。教師に対して、一部の子どもについて「彼らは知的に著しく伸び、異常な発達を示すだろう」と予言しておく。実際は「彼ら」とは、普通の学級から無作為に抽出された子どもたちであった。そして学期の最後に調べたところ、「彼ら」として教師に目をかけられた子どもたちは、読みの能力に著しい進歩が見られ、知的好奇心も他の子どもより強くなったという。

　教師の期待は、子どもの学ぶ意欲や学力の向上に影響力を持つということであろう。

📌 望ましい教師像

　村田（1990）は、望ましい教師のパーソナリティとして4つをあげている。1つは温かさである。児童・生徒に愛情を持ち、子どもの人格を尊重し温かさをもって接する教師はその心が子どもにも自然と伝わる。2つ目は、規則を守らせたり叱ったりするときの公平さである。3つ目は子どもの誤りに対して適切に対処する態度である。反省的な子どもの誤りには励ましや勇気づけを行い、誤りの多い衝動的な子どもには、少し考えるよう教える、という態度である。4つ目は授業の能力である。わかりやすい授業を支える豊富な知識をもち、適切な授業計画を作成し推進する能力である。

　大学生に小中学校や高校時代の教師の好き嫌いを回想させるという調査（豊田、2000）でも同様の結果を得ている。図7−2を見るとわかるように、子どもが好きな教師の特徴としてあげているのは、親しみやすさ、明るさなどであり、高学年になると学習指導のうまさ、わかりやすさが好きな教師の特徴となっている。嫌いな教師像はその逆の特徴をもっている（図7−3）。

　このように、教師に望む態度は子どもの年齢によって異なるものの共通点も

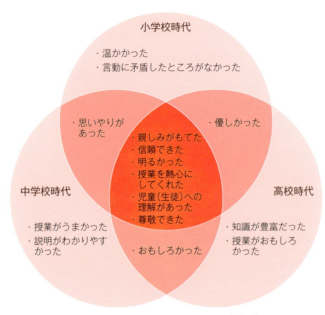

図7-2　回想された好かれる教師像

出典：豊田、1990

多い。教室で望ましい教師に出会う子どもが、楽しく有意義な学校生活を送ることは誰もが想像することである。

5　発達の障害と教育

📌 発達の危機と障害

　人間の存在は実は発達の危機と隣り合わせである。出生前から先天的な形態学的異常や機能的異常の可能性があり、出生時も損傷や無酸素症の危険性がある。出生後の1年間はもっとも脳細胞が発達する時期であり、神経細胞からの突起が増加し、細胞間の結合が著しく進むが、この間に中枢神経系に障害が出れば、子どもの心身の発達に重大な影響をもたらす（山上、1992）。

　また環境的要因が発達の危機をもたらすこともある。細菌やウイルスによる脳の炎症や事故による脳の損傷などである。あるいは、母親が養育を放棄し他

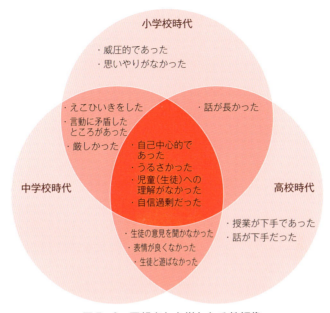

図7-3 回想された嫌われる教師像
出典：豊田、1990

に世話をする人がいないなどの不適切な養育環境が子どもの成長を阻害することもある。

このように、生まれる子どもの周りには、生理的要因や環境的要因からくる発達的な危機が数多く存在している。

発達途上の危機が精神機能にもたらす障害を、総称して発達障害とよぶ。発達障害を広義にとらえるとき、知的障害、広汎性発達障害（自閉性障害、アスペルガー症候群）、注意欠陥多動性障害（ADHD）、学習障害（LD）などがそこに含まれる。

多くの障害は乳幼児期から養育上、生活上の困難があるため、早期に専門家の診断を受けて対処方法や親の適切な養育方法を明らかにする必要がある。しかしその方法は、障害やその程度によって子どもごとに異なるため、「こうしたらうまくいく」という正解を見出すのは容易ではないのが現状である。

📌 乳児期から見られる発達障害

　広汎性発達障害や知的障害は乳児期から気づくことが多い。

　まず広汎性発達障害のうち自閉性障害には、大まかに以下の3つの特徴がある（片岡、2003）。

- 対人的相互反応における質的な障害
- 意思伝達の質的な障害
- 行動および興味が限定され、反復的で常同的な様式

　言い換えれば人との関係が成り立ちにくく、コミュニケーションが困難で、興味の持ち方が通常の人と大きくずれている、という特徴を持っている。また知能検査では正常レベル以上から最重度の遅滞を示すものまであり、障害の容態は複雑である。その原因は、なんらかの脳の器質的な障害であるといわれ、早期発見と早期の療育や心理的な支援が必要である。実際には1歳過ぎの初語期あたりからの発達の遅れや、他者とのかかわりにくさが目立つため早期診断につながることが多い。しかしあまりに早期の診断は親のショックが大きい場合があり、診断は慎重であるべきである。

　自閉症児の療育は、健常児と同じ幼児教育の場と専門機関での療育が並行して行われることが多い。学齢になると特別支援教育において子どものできること、得意なことを生かしてそれを伸ばし、不得意なことはそれを補うような接し方、教育の方法が模索され、実践されている。

　アスペルガー症候群は自閉性障害に比べて知的障害は軽いか正常であるが、興味の限定や社会的相互反応の障害は共通している。乳幼児期には保健所や児童相談所、発達障害専門のクリニックなどで診断してもらう。診断は、アメリカの自閉症の国際基準DSM-Ⅳなどによることが多い。しかし、知的障害がない場合は、親も大人になるまで気づかないこともあり、本人が、対人関係がうまくいかないことを悩みとして一人で抱えることもある。親や教師が気づき、早期に支援につないでいくことが重要である。

　知的障害とは多様な原因によって精神発達が正常範囲を下回る状態をいう。状態像であるので、条件を整えることによって遅滞を軽減したり克服したりで

きる場合もあると考えられている。特別支援学校では、子どものニーズに応じた支援計画によって教育活動が展開されている。青年期になると、とくに軽度知的障害の場合に不安や劣等感が高まり、メンタルヘルス上の問題が出てくることも注意しなければならない。

児童期に顕在化する発達障害

　注意欠陥多動性障害（ADHD）とは、不注意（集中力がない、簡単なミスが多い）、多動性（じっとしていられず、整理整頓ができない）、衝動性（刺激に無条件に反応する）などを中心的な特徴として持ち、こだわりや学習障害などをあわせ持つことの多い障害である。

　学校の普通学級では、ADHDの子どもは自分の苦手なことばかりを要求されていることになり、「落ち着きのない子ども」「何度も同じ間違いをする子ども」として、否定的に扱われることが多い。しかし彼らの不注意や多動性は、発達の偏りであり個性である。彼らに対しては、責めない、肯定する、褒める、といった対応が望まれる。

　学習障害（LD）は、全般的な知的遅滞は見られないのに、聞く、話す、読む、書く、計算するまたは推論する能力のうち特定のものの習得や使用に著しい困難を示す状態である。特に読み書きに困難を示すのが言語性学習障害であり、音韻意識や視覚的認知能力が十分機能していないことが考えられる。

　そこでスモールステップで音韻意識を高めて符号化、つまり単語の理解に導く、意味的な処理を補う遊びをとおして文字や絵の理解を支えるなどの試みが必要となる（上野・中根、1996）。

小中学校における発達障害児の指導

　文部科学省では2006（平成18）年より、通常の学級のなかで十分な配慮を行ったうえで、発達障害の児童生徒を指導するよう、対応の仕方を例示している。LDの場合は、あらわれる困難は一人ひとり異なるので、それに対応した指導を行うこと、ADHDの場合は、少集団のなかで順番を待ったり最後まで話を聞いたりする指導や、余分な刺激を抑制した状況で課題に集中して取り組むこ

とを繰り返す指導が求められること、などである。

　また、発達障害の児童生徒は友達との人間関係がうまく作れないこともあるため、ソーシャルスキルトレーニング（第5章第4節）やストレスマネジメントなどを受けることも行動の改善につながる。

　通常学級の担任教師は、発達障害児に対して上記のような配慮や指導が期待されている。文部科学省の最近の調査によると、小中学校ではADHDやLDなどの発達障害の可能性のある児童生徒はおよそ6.3％である。学級に1人か2人は在籍しているという現状のなかで、担任教師は重要な役割を担っているといえるだろう。

📖 これからの学習のための推薦図書

新しい教育心理学者の会　1995　心理学者 教科教育を語る　北大路書房
　学校教育のなかで重要な部分を占めている教科教育を、教育心理学的に理論づけし、教育実践に貢献しようとしたもの。国語、算数、数学、理科、生活、英語の教育に具体的な提言を行っている。

速水敏彦（編）2013　教育と学びの心理学―基礎力のある教師になるために　名古屋大学出版会
　教える―学ぶ関係の心理を丁寧に解説している。教育現場で出会う子どもの理解と教育実践に必要な基礎力を学び、応用力を養成するテキスト。教師志望の学生にとって必読の書。

山上雅子　1997　物語を生きる子どもたち―自閉症児の心理療法　創元社
　自閉症児の療育に長年取り組んできた著者が、3人の子どもとのかかわりを中心にして、その障害のとらえ方や療育のあり方について述べている。

● 引用文献・参考文献 ●

第1章　子どもを理解するための序論
安藤寿康　2014　遺伝と環境の心理学—人間行動遺伝学入門　培風館
東洋　1969　知的行動とその発達　桂広介ほか（監修）　認識と思考　金子書房
バウアー、T.G.R. 1974/1979　岡本夏木ほか（訳）乳児の世界　ミネルヴァ書房
ブルーム、B.S.ほか　1971/1973　梶田叡一ほか（訳）教育評価ハンドブック　第一法規
ブロンフェンブレンナー、U.　1979/1996　磯貝芳郎・福島護（監訳）人間発達の生態学—発達心理学への挑戦　川島書店
ヘッブ、D.O.　1949/1957　白井常（訳）行動の機構　岩波書店
藤永保　1987　人間発達と初期環境—初期環境の貧困に基づく発達遅滞児の長期追跡的研究　有斐閣
Jensen, A.R. 1968 Social class, race, and genius: Implications for education. *American Education Research,* 5, 1-41.
ミード、M.　1928/1976　畑中幸子・山本真鳥訳　サモアの思春期　蒼樹書房
岡本夏木　1988　認識とことばの発達心理学　ミネルヴァ書房
奥田援史　2010　幼児のパーソナリティ特性に関する双生児研究　滋賀大学教育学部紀要　教育科学　No.60. 1−5.
ピアジェ、J.P.　1948/1975　谷村覚・浜田寿美男（訳）知能の誕生
ポルトマン, A.　1961　高木正孝（訳）人間はどこまで動物か　岩波書店
ロレンツ, K.　1973/1986　日高敏隆（訳）ソロモンの指輪　動物行動学入門　早川書房
佐藤純・新井邦二郎　1998　学習方略の使用と達成目標及び原因帰属との関係　*Tsukuba Pshychologikcal Research,* 20, 115-124.
高橋義信　1994　パーソナリティの発達　若井邦夫・高橋義信・高橋道子・城谷ゆかり　乳幼児心理学　7章　139-160　サイエンス社
矢野喜夫　1984　子どもの自然誌　ミネルヴァ書房
吉田直子　2008　共同注意場面における母子相互作用の時系列的変容について—発話量発話内容分析からの仮説生成の試み　中部大学現代教育学研究紀要　1巻　13-24.

第2章　発達心理学の萌芽と理論の展開
エリクソン、E. H.　1963/1977　仁科弥生（訳）　幼児期と社会　1・2　みすず書房
フロイト、J.　1917/1971　懸田克射・高橋義孝（訳）精神分析学入門　人文書院
服部祥子　2010　生涯人間発達論　医学書院
藤戸麻美・矢藤優子　2015　幼児におけるうそ行動の認知的基盤の検討　発達心理学研究　26（2）　135-143.
川本哲也・小塩真司・阿部晋吾・坪田祐基・平島太郎・伊藤大幸・谷伊織　2015　新：大学生のアイデンティティの変化と主体的な学習態度の変化の関連　発達心理学研究　26（2）107-122.
ケイ、E.　1900/1979　小野寺信、小野寺百合子（訳）　児童の世紀　富山房
牧　康夫　1982　人間探求の心理学　アカデミア出版会
村田孝次　1992　発達心理学史　培風館
ピアジェ、J.P.　1948/1975　谷村覚・浜田寿美男（訳）知能の誕生　ミネルヴァ書房
ルソー、J.　1762/1962　今野一雄（訳）　エミール　上・中・下　岩波書店
高井弘弥　2003　発達の理論　吉田直子・片岡基明（編）子どもの発達心理学を学ぶ人のために　2章　12-32　世界思想社

鑪幹八郎　1990　アイデンティティの心理学　講談社
ヴィゴツキー、L.　1934/2001　柴田義松（新訳）　思考と言語　新読書社
ウエルナー、H.　1948/1976　鯨岡峻・浜田寿美男（訳）発達心理学入門　ミネルヴァ書房

第3章　認知の発達

オードリー、W.　2005　機関車トーマス　桑原三郎（訳）　ポプラ社
バウワー、T.G.R.　1974/1979　岡本夏木ほか（訳）　乳児の世界　ミネルヴァ書房
ブルーナー、J.S.　1966/1968　岡本夏木ほか（訳）認識能力の成長　上下　明治図書
土居道栄　1986　類概念における階層構造の発達─命名におけるカテゴリー水準の等位化の分析　教育心理学研究　34　34-39.
Fantz, R.L.　1961　The origin of form perception. *Scientific American*, 201, 66-72.
Flavell,J.H.,Green,F.L., Flavell, E.L. 1986 Development of knowledge about the appearance-reality distinction. *Monographs of the Society for Research in Child Development*. 51, 212.
小嶋秀夫・森下正康　2004　児童心理学への招待　サイエンス社
小杉大輔　2014　乳児における因果的認識：Launching事象の因果性知覚　静岡文化芸術大学紀要　Vol.14　45-51.
村田孝次　1990　児童心理学入門　培風館
岡本夏木　1991　児童心理　岩波書店
大川一郎・土田宣明・宇都宮廣司・日下菜緒子・奥村由美子（編著）2011　エピソードでつかむ老年心理学　ミネルヴァ書房
Piaget, J.P & Inhelder, B.　1956　The child's conception of space. Routledge and Kegan Paul.
ピアジェ、J.P.・イネルデ、B.　1969　波多野完治・須賀哲夫ほか（訳）児童心理学　白水社
ピアジェ、J.P.　1948/1975　谷村覚・浜田寿美男（訳）知能の誕生　ミネルヴァ書房
ウエルナー、H.　1948/1976　鯨岡峻・浜田寿美男（訳）発達心理学入門　ミネルヴァ書房

第4章　言語活動の発達

秋田喜代美・庄司一幸編　2005　本を通して世界と出会う　中高生からの読書コミュニティづくり　北大路書房.
秋田喜代美・石井順治　2005　ことばの教育と学力　明石書店
秋田喜代美・増田時枝　2009　絵本で子育て　子どもの育ちを見つめる心理学　岩崎書店
朝の読書推進協議会　2015　http://www.mediapal.co.jp/asadoku/index.html
ボウルビィ、J.M.　1979/1981　作田勉（監訳）　ボウルビィ母子関係入門　星和書店
チョムスキー、N.　1957/1963　所康男（訳）　文法の構造　研究社出版
猪原敬介・上田紋佳・塩谷京子　2012　小学校低学年児童における読書量、語彙量、文章理解力の関係　博報堂報告書（児童教育の基盤となることばの教育に関する研究）
今井むつみ　2010　ことばと思考　岩波書店
石田潤・森敏昭　1985　小学生の文章表現の発達的変化　広島大学教育学部紀要　第一部　Vol.3　125-131.
神谷友里・吉川はる奈　2011　幼児の役割遊びにおける役割取得の特徴に関する研究　埼玉大学紀要教育学部　60（2）　19-28.
ケラー、H　1979　岩橋武夫（訳）　私の生涯　岩波書店
Kleek, A. & Stahl, S. (Eds)　2003　On reading Books to Children. Routage.
小坂美鶴　2001　3歳児の仲間同士の会話特徴について：言語使用と発話機能の分析からの検討　聴能言語学研究　18（3）　154-162.
小椋たみ子　2008　語獲得期と文形成期の言語発達　岩立志津夫・小椋たみ子（編著）　言

語発達とその支援　5章2節　79-82　ミネルヴァ書房
茂呂雄二　1988　なぜ人は書くのか　東京大学出版会
村瀬俊樹・マユーあき・小椋たみ子・山下由紀恵　Dale, P.S.　1998　絵本場面における母子会話：ラベリングに関する発話連鎖の分析　発達心理学研究　9　142-154.
村瀬俊樹　2008　ことばの発達　吉田直子・片岡基明（編著）　子どもの発達心理学を学ぶ人のために　第2部3章　93-114　世界思想社
村田孝次　1990　児童心理学入門　培風館
岡本夏木　1982　子どもとことば　岩波書店
岡本夏木　1985　ことばと発達　岩波書店
岡本夏木　1991　児童心理　岩波書店
齋藤孝　2009　読書力　岩波書店
島村直己・三神廣子　1994　幼児のひらがなの習得：国立国語研究所の1967年の調査との比較をとおして　教育心理学研究　42　70-76.
高橋登　2001　学童期における読解能力の発達過程　教育心理学研究　43　42-52.
高橋登　2006　学童期の読み能力の発達　東京大学総合研究棟A200講義室での研究発表
高橋登・杉岡津岐子　1993　書くことと語ること―表現手段の違いが物語の再生に与える影響について　読書科学　37　148-153.
高橋登・中村知靖　2009　適応型言語能力検査（ATLAN）の作成とその評価　教育心理学研究　57　201-211.
内田伸子　1990　子どもの文章　東京大学出版会
内田伸子　2011　発達心理学　岩波書店

第5章　社会性の発達
東洋・柏木惠子・ヘス、R.D.　1981　母親の態度・行動と子どもの知的発達―日米比較研究　東京大学出版会
Baumrind, D.　1967　Child care practices anteceding three patterns of pre school behavior. *Genetic Psychology Monographs*, 75, 43-88.
フラベル、J.H.　1963/1970　植田郁郎（訳）　ピアジェ心理学入門　下　明治図書
原田正文　2008　友だちをいじめる子どもの心がわかる本　講談社
ホフマン、L.M.　2001　菊池章夫・二宮克美（訳）共感性と道徳性の発達心理学　川島書店
柏木惠子　1988　幼児期における「自己」の発達―行動の自己制御機能を中心に　東京大学出版会
柏木惠子　1997　文化心理学　東京大学出版会
菊池章夫（編著）　2007　社会的スキルを測る：KiSS-18 ハンドブック　川島書店
コールバーグ、L.　1969/1987　永野重史（監訳）道徳性の形成：認知発達的アプローチ　新曜社
松井豊　1990　友人関係の機能　斎藤耕二・菊池章夫（編）社会科の心理学ハンドブック―人間形成と社会と文化　川島書店
村田孝次　1990　児童心理学入門　培風館
内閣府　http://www8.cao.go.jp/youth/whitepaper/h25honpen/b1_03_01.html　2015年8月18日アクセス
落合良行・佐藤有耕　1996　青年期における友達との付き合い方の発達的変化　教育心理学研究　44　55-65.
岡本夏木・清水御代明・村井潤一（監修）　1995　発達心理学辞典　ミネルヴァ書房
パーテン、M.B.　1932　Social participation among pre-school children. *Journal of Abnormal and Social Psychology*, 27, 243-269.

セルマン、R. L.・シュルツ、L. H. 1990 ペア・セラピィ―どうしたらよい友達関係がつくれるか 1巻 大西文行（監訳）北大路書房
高橋江梨子 2009 児童の対人認知と社会的スキルに関する研究：きょうだいのある子とひとりっ子の比較を中心に 創価大学大学院紀要 第31号 215-240.
渡辺弥生 1996 ソシアル・スキル・トレーニング 日本文化科学社
ホワイティング、B.B.・ホワイティング、J.W.M. 1975/1978 六つの文化の子どもたち―心理、文化的分析 綾部恒夫（監修）名和敏子（訳） 誠信書房

第6章 自己意識の発達

赤澤淳子・後藤智子 2013 小学生における基本的生活習慣が自己統制および向社会的行動に及ぼす影響 仁愛大学研究紀要人間学部篇 第12号 1-12.
Eder,R.A. 1990 Uncovering young children's psycholojgical selves: Individual and developmental differences. *Child Development*, 61, 849-863.
フェスティンガー、L. 1954/1965 社会的不協和の理論―社会心理学序説 末永俊郎（訳） 誠信書房
Grusec, J.E. & Redler, E. 1980 Attribution, reinforcement and altruism: A development analysis. *Developmental Psychology,* 16, 525-534.
姜信善・酒井えりか 2006 子どもの認知する親の養育態度と学校適応との関連についての検討 富山大学人間発達科学部紀要 1（1） 111-119.
柏木惠子 1988 幼児期における「自己」の発達―行動の自己調整機能を中心に 東京大学出版会
北山忍 1994 文化的自己観と心理的プロセス 社会心理学研究 10 153-167.
守屋慶子 1982 心・からだ・ことば ミネルヴァ書房
中田 栄・塩見邦夫 2000 児童の自己抑制と自己効力との関係 感情心理学研究 6 83-93.
佐藤淑子 2001 日本のいい子イギリスのいい子 中公新書
菅原正和・伊藤由衣 2006 児童期の母子関係が青年期の自我形成に及ぼす影響：自尊感情（self esteem）と対人不安を中心として 岩手大学教育学部研究年報 65 31-44.
高井弘弥 2003 発達の理論 吉田直子・片岡基明（編） 子どもの発達心理学を学ぶ人のために 6章 154 世界思想社
植村美民 1979 乳幼児におけるエゴの発達について 心理学評論 22 28-43.
ワロン、H. 1936/1983 浜田寿美男（訳編）身体・自我・社会 ミネルヴァ書房

第7章 発達と教育

国立教育政策研究所 2014 「中1ギャップ」の真実 生徒指導リーフ15
丸山美和子 1999 教科のレディネスと就学期の発達課題に関する一考察 社会学部論集 第32号 195-209.
三木直輝・臼井博 2008 小学生の理科に関する素朴概念の修正が学習意識に及ぼす影響 北海道教育大学紀要 教育科学編 52（2）159-173.
文部科学省 2015 特別支援教育について http://www.mext.go.jp/a_menu/shotou/tokubetu/material/1356205.htm 2015年12月15日アクセス
村田孝次 1990 児童心理学入門 培風館
高垣マユミ 2001 小学生は高さをどのようにとらえているのか―「日常的経験から得た高さと平面図形における高さ」との関連 発達心理学研究 11 112-121.
東京学芸大学「小1プロブレム研究推進プロジェクト」 2010 「小1プロブレム研究推進プロジェクト」報告書

豊田弘司　2000　好かれる教師像と嫌われる教師像　奈良教育大学紀要　36　65-71.
上野一彦・中根晃（編）1996　LDとは何か　日本文化科学社
山上雅子　1992　発達の危機と阻害　岩田純一・吉田直子・山上雅子・岡本夏木　発達心理
　　学　有斐閣
山本多喜二・ワップナー、S　1991　人生移行の発達心理学　北大路書房
和田信行　2011　小１プロブレムを起こさない教育技術　小学館

索　引

あ　行

愛着　35
朝読　46
アスペルガー症候群　83
アニミズム　23
育児文化　60, 71
いじめ　61
1語文　38
逸脱行動　72
イド　12
因果関係の発見　20
ヴィゴツキー　11
ウェルナー　11
エダー　66
エミール　10
MFF テスト　60
エリクソン　5, 11
LAD　36
エレン・ケイ　10
延滞模倣　22
親子関係　16
音韻抽出　79
音韻的符号化　40
音韻分解　79

か　行

絵画ストループ効果　41
概念形成　35
外面的特徴　67
書きことば　42
可逆性　26
学習指導要領　76
学習障害　83
学習方略　9
数概念　15
仮説　8

仮説演繹的思考　28
可塑性　1
課題志向的　71
学校接続　76
感覚運動期　15
感覚運動的認知　8
環境の要因　82
観察学習　58
観察法　8
慣習的水準　52
完全習得学習　75
慣用ラベリング　45
記号化　1
基本的信頼感　13
基本的生活習慣　58
ギャングエイジ　55
教科学習　79
共感性　50
教師主導型　75
協同遊び　54
共同注意　8
協同的な学習　75
具体的操作期　15
グランドセオリー　11
形式的操作期　15
系列性　25
結晶性知能　28
言語発達　16
語い　36
語い爆発　38
後慣習的水準　52
攻撃行動　53
向社会的行動　50
口唇口蓋裂　35
構造化　1
行動遺伝学　3

広汎性発達障害　83
個人差　34
ことばの獲得期　37
ことばの胎生期　37
コンピテンス　59

さ　行

佐藤淑子　69
3か月スマイル　54
自我　12
視覚的記銘　40
視覚的認知　18
自我同一性の拡散　14
自我同一性の確立　14
自己　65
自己概念　66
自己主張　54
自己中心性　23
自己呈示　67
自己評価　67
自己抑制　54
視線の共有　34
自尊感情　59
しつけ　58
実験法　8
質問紙調査　49
事物全体制約　36
自閉性障害　83
社会化　1
社会性　16
社会的スキル尺度　49
社会的相互作用　54
集団志向的　71
小1プロブレム　76
障害児支援　16
生涯発達理論　14
象徴遊び　20
初語　34

神経細胞　82
心理社会的発達論　12
心理的離乳　56
ストレスマネジメント　86
性格　3
制限コード　30
精神分析学　11
生成文法論　36
精緻化請求　45
精緻化提供　45
精密コード　30
制約説　36
生理的要因　83
セルフ・ハンディキャッピング　67
前概念的思考　23
前慣習的水準　52
前言語的なコミュニケーション行動　37
前操作期　15
早期熟慮型　60
相互協調的自己観　72
相互独立的自己観　72
相互排他性制約　36
双生児研究　3
相貌的知覚　23
相補性　26
ソーシャルスキルトレーニング　86
測定　8
素朴概念　79

た　行

対象の永続性の形成　20
対人葛藤場面　55
対人交渉方略　55
第二次性徴　5
遅延模倣　20
知的障害児　34
知能指数　3
知能テスト　10

注意欠陥多動性障害　83
中1ギャップ　78
聴覚障害児　34
聴覚的記銘　40
調査法　9
超自我　12
調節　15
直観的思考　23
DSM-IV　84
適応　15
てんかん　35
同一視　58，71
同一性　26
同化　15
動作的認知　18
道徳的判断　52
特別支援教育　84

な　行

内言　14
内発的な動機づけ　30
なん語　38
2語文　39
二次的留巣性　4
認知　18
認知構造　15
望ましい教師　81

は　行

バウムリンド　58
バウワー　21
発達　1
発達課題　76
発達障害児　34
発達の最近接領域　14
ピアジェ　11，15
ピグマリオン効果　81

ビネー　10
表象機能　20
フェスティンガー　71
ブックスタート　45
不適応行動　59
不登校　63
ブルーナー　30
フロイト　11
ブロンフェンブレナー　7
文化的自己観　72
ペア・セラピィ　55
ヘレン・ケラー　32
包摂性　25
母性剥奪　6
保存概念　23
ポルトマン　4

ま　行

ミード　6
三つ山問題　24
ミニセオリー　11
無酸素症　82

や　行

役割取得能力　50
遊戯期　13
養育態度　58

ら　行

ラベリング　32
理解語　37
流動性知能　28
良心　50
ルソー　10
レディネス　79
連合遊び　54
ロレンツ　6

【著者紹介】

吉田　直子（よしだ　なおこ）

名古屋大学大学院教育学研究科博士課程満期退学。
現在、中部大学現代教育学部教授。

【主著・主論文】

『新・子どもの心理』福村出版　1996年（共著）
『意味の形成と発達』ミネルヴァ書房　2000年（共著）
『学ぶ心理学、生かす心理学』ナカニシヤ出版　2001年（共著）
『学校教育の心理学』名古屋大学出版会　2002年（共著）
『子どもの発達心理学を学ぶ人のために』世界思想社　2003年（共編著）
『生涯発達心理学』ナカニシヤ出版　2006年（共著）
『保育・教育実践のための心理学』みらい　2012年（共著）
『教職教育の新展開』学術図書出版社　2012年（共編著）
『教職教育の新展開2016』学術図書出版社　2016年（共編著）
「描画を通してみた子どもの空間認知」『常葉学園大学教育学部紀要』21号　2000年
「子どもの描画の意味」『現代のエスプリ』413号　2001年　至文堂
「共同注意場面における母子相互作用の時系列的変容について」『中部大学現代教育学研究所紀要』第1号　2008年
「共同注意の発達的変化―言語獲得期の相互作用に関する質的検討」『中部大学現代教育学部紀要』第3号　2012年

はじめて学ぶ発達心理学

2016年6月5日　初版第1刷発行

著　　者	吉田　直子
発行者	竹鼻　均之
発行所	株式会社みらい 〒500-8137　岐阜市東興町40　第5澤田ビル TEL 058-247-1227(代)　FAX 058-247-1218 http://www.mirai-inc.jp/
印刷・製本	西濃印刷株式会社

©Naoko Yoshida　2016
ISBN978-4-86015-376-2　C3011
Printed in Japan

乱丁本・落丁本はお取替え致します。